新 日本语能力考试

N3 全真模拟试题

第4版

 附赠音频及详解

主 编○许纬　Reika

编 著○新世界教育
　　　　樱花国际日语图书事业部

华东理工大学出版社
EAST CHINA UNIVERSITY OF SCIENCE AND TECHNOLOGY PRESS
·上海·

图书在版编目(C I P)数据

新日本语能力考试 N3 全真模拟试题:附赠音频及详
解 / 许纬,Reika 主编;新世界教育,樱花国际日语图
书事业部编著. — 4 版. — 上海:华东理工大学出版社,
2024.6

ISBN 978 - 7 - 5628 - 7316 - 7

Ⅰ. ①新⋯　Ⅱ. ①许⋯ ②R⋯ ③新⋯ ④樱⋯　Ⅲ. ①
日语-水平考试-习题集　Ⅳ. ①H369.6

中国版本图书馆 CIP 数据核字(2024)第 084617 号

项目统筹 / 周璐蓉
责任编辑 / 刘　溱
责任校对 / 金美玉
装帧设计 / 徐　蓉
出版发行 / 华东理工大学出版社有限公司
　　　　　　地址:上海市梅陇路 130 号,200237
　　　　　　电话:021 - 64250306
　　　　　　网址:www.ecustpress.cn
　　　　　　邮箱:zongbianban@ecustpress.cn
印　　刷 / 上海展强印刷有限公司
开　　本 / 787mm×1092mm　1/16
印　　张 / 12.75
字　　数 / 602 千字
版　　次 / 2011 年 4 月第 1 版
　　　　　　2024 年 6 月第 4 版
印　　次 / 2024 年 6 月第 1 次
定　　价 / 52.00 元

编委会名单

主　编　许　纬　Reika

编　著　新世界教育

　　　　樱花国际日语图书事业部

编　委　刘学敏　钟　雁

前　言

　　由樱花国际日语图书事业部编写的《新日本语能力考试 N3 全真模拟试题（解析版）》自 2011 年 4 月推出以来，广受好评，成为很多考生的必备用书。新日本语能力考试自 2010 年 7 月至今已实施了十四年，为了使本书的内容更加充实、完善，更好地体现考试的倾向，我们推出了本书的第 4 版。第 4 版的推出，将有助于考生更好地把握考试动态，进行实战模拟练习。

【本书内容与特点】

> ・**8 套模拟试题**
>
> 　　①完全遵循新日本语能力考试的题型结构出题。
>
> 　　②出题角度及难易程度贴近真题。
>
> 　　③阅读文章选自日本原版教材、小说、散文、媒体评论等。
>
> 　　④听力内容涉及演讲、朋友间的对话等，考生通过反复练习可增强语感。
>
> ・**解析透彻，指导解题对策**
>
> 　　①掌握做题方法，巩固所学知识点。
>
> 　　②补充相关词汇、短语，提高词汇量。
>
> 　　③阅读文章附中文概要，概括文章大意，帮助考生理解文章内容。
>
> 　　④附听力原文，帮助考生理解疑难点。

　　新日本语能力考试的题型比较丰富多样，阅读和听力的比重较大，对知识点的考查也比较灵活，注重考查灵活运用语言知识的能力。

　　想要顺利通过考试，除了全面、扎实地掌握文字词汇及语法的基础知识以外，还需要通过贴近真题的全真模拟试题进行强化训练。通过全真模拟试题，考生可以对自己所学的知识进行查漏补缺，从而开展有针对性的复习。同时，在规定的时间内完成 1 套完整的模拟试题，可以帮助考生在真正考试时合理分配时间。在实际的考试中，阅读和听力是最容易

失分的环节，只有通过实战模拟，考生才能适应考试的难度和节奏，发挥出自己的真实水平。

希望通过对本书的学习，考生可以把握考试全貌，充满信心地去应对考试。

2024 年 3 月
新世界教育
樱花国际日语图书事业部

新日本语能力考试 N3 考试题目的构成

考试科目 （考试时间）		试题结构		
			大题	考查内容
语言知识 （30分钟）	文字·词汇	1	汉字读法	是否能够读出用汉字书写的词语
		2	汉字书写	是否能够用汉字书写平假名所示词语
		3	前后关系	是否能够根据前后关系判断出规定意义的词语是什么
		4	近义替换	是否掌握与试题词语含义相近的词语及表现方法
		5	用法	是否了解该词在句中的用法
语言知识 · 阅读 （70分钟）	语法	1	句子语法1 （语法形式判断）	是否能够判断语法形式合乎句子内容与否
		2	句子语法2 （句子的组织）	是否能够准确而通顺地组织句子
		3	文章语法	是否能够判断句子符合上下文关系与否
	阅读	4	内容理解（短篇）	阅读150～200字的有关生活、工作等话题的说明文、指示文等文章后，是否能够理解其内容
		5	内容理解（中篇）	阅读解说、随笔等350字左右的文章后，是否能够理解关键词及因果关系
		6	内容理解（长篇）	阅读解说、随笔、信件等550字左右的文章后，是否能够理解其概要以及逻辑关系
		7	信息检索	是否能够从广告、宣传册等信息素材（600字左右）中获取必要信息
听力 （40分钟）		1	问题理解	听到内容连贯的文章后，是否能够理解其内容（是否能够听取解决具体问题所需要的信息，并理解下一步应该怎么做）
		2	重点理解	听到内容连贯的文章后，是否能够理解其内容（是否能够根据事先提示的应注意听取的事项，来听取重点）
		3	概要理解	听到内容连贯的文章后，是否能够理解其内容（是否能够通过整体文章来理解说话者的意图及主张）
		4	语言表达	是否能够在看插图、听说明的同时，选择适当的语言表述
		5	即时应答	是否能够在听到较短的语言表述后选出适当的应答

新日本语能力考试 N3 的合格标准

级 别	考试科目	时 间	得分项目	得分范围
N3	语言知识（文字·词汇）	30 分钟	语言知识（文字·词汇·语法）	0～60 分
	语言知识（语法）、阅读	70 分钟	阅读	0～60 分
	听力	40 分钟	听力	0～60 分
	总计	140 分钟	总分	0～180 分

级 别	总 分		语言知识 （文字·词汇·语法）		阅 读		听 力	
	得分范围	合格线	得分范围	及格线	得分范围	及格线	得分范围	及格线
N3	0～180 分	95 分	0～60 分	19 分	0～60 分	19 分	0～60 分	19 分

※ N3 考试设有"语言知识（文字·词汇）""语言知识（语法）、阅读"及"听力"这 3 个科目,而得分项目分为"语言知识（文字·词汇·语法）""阅读"及"听力"这 3 项。

※ 评定标准:通过总分和各单项得分共同评定是否合格。单项得分的及格线是指各单项得分至少应达到这一分数。如果各单项得分中有一项没有达到及格线,那么,无论总分多高,都不能视为合格。

目　次

模擬テスト第 1 回 ……………………………………………………………………… 1

模擬テスト第 2 回 ……………………………………………………………………… 23

模擬テスト第 3 回 ……………………………………………………………………… 45

模擬テスト第 4 回 ……………………………………………………………………… 67

模擬テスト第 5 回 ……………………………………………………………………… 89

模擬テスト第 6 回 ……………………………………………………………………… 111

模擬テスト第 7 回 ……………………………………………………………………… 133

模擬テスト第 8 回 ……………………………………………………………………… 155

正答表 ………………………………………………………………………………… 177

附赠:听力原文及全部试题的解析(获取方式请见封面)

模擬テスト

第1回

だい　かい

げんごちしき（もじ・ごい）

（30ぷん）

— 1 —

問題1　＿＿＿＿のことばの読み方として最もよいものを、1・2・3・4から一つえらびなさい。

1　中田さんはインドの歴史(れきし)について研究している。

　　1　けんきゅ　　　2　けんきゅう　　　3　げんきゅ　　　4　げんきゅう

2　彼はきっと次の試合に勝つだろう。

　　1　たつ　　　　　2　まつ　　　　　　3　もつ　　　　　4　かつ

3　みんな順序よく並(なら)んでいる。

　　1　じゅんじょう　2　しゅんじょ　　　3　じゅじょう　　4　じゅんじょ

4　午後になって空が曇ってきた。

　　1　くばって　　　2　こまって　　　　3　くもって　　　4　くさって

5　夏になると食(しょく)が細くなる。

　　1　ほそく　　　　2　はげしく　　　　3　みじかく　　　4　ほしく

6　来月、甥が日本に行くそうだ。

　　1　めい　　　　　2　おい　　　　　　3　あに　　　　　4　おや

7　切手が逆様に貼ってある。

　　1　ぎゃくさま　　2　さかよう　　　　3　ぎゃくよう　　4　さかさま

8　李さんは日本語で自己(じこ)紹介をした。

　　1　しょかい　　　2　しょがい　　　　3　しょうがい　　4　しょうかい

問題2　＿＿＿＿のことばを漢字で書くとき、最もよいものを、1・2・3・4から一つえらびなさい。

9　お盆(ぼん)休みにこきょうに帰りたい。

　　1　故郷　　　　　2　古郷　　　　　　3　古里　　　　　4　故里

10　友達が駅(えき)までむかえに来てくれた。

　　1　向え　　　　　2　迎え　　　　　　3　送え　　　　　4　接え

11　この仕事はしろうとの私でもできる。

　　1　玄人　　　　　2　四人　　　　　　3　素人　　　　　4　白人

12 木村先生はいつも穏やかで<u>やさしい</u>。

1　易しい　　　　2　優しい　　　　3　厳しい　　　　4　美しい

13 家と学校を<u>おうふく</u>する。

1　復帰　　　　2　往復　　　　3　回復　　　　4　横断

14 時間があまりないので、<u>いそが</u>ないといけない。

1　速が　　　　2　焦が　　　　3　忙が　　　　4　急が

問題3 （　　　　）に入れるのに最もよいものを、1・2・3・4から一つえらびなさい。

15 目標（もくひょう）を実現（じつげん）することで、（　　　　）自信がついてきた。

1　どきどき　　　2　ますます　　　3　いらいら　　　4　しばしば

16 彼女との約束を（　　　　）忘れてしまった。

1　うっかり　　　2　すっきり　　　3　たっぷり　　　4　ゆっくり

17 経済状況がよくないので、就職が（　　　　）なってきた。

1　おかしく　　　2　くやしく　　　3　きびしく　　　4　さびしく

18 メールアドレスを間違えないように（　　　　）にチェックをする。

1　貴重　　　　2　素直　　　　3　直接　　　　4　慎重

19 今回の国際会議の（　　　　）は、「地球環境の保護」である。

1　デート　　　　2　チーム　　　　3　チーズ　　　　4　テーマ

20 ただいま佐藤は席を（　　　　）おります。

1　はずして　　　2　しめして　　　3　はなして　　　4　おとして

21 最近、授業中（じゅぎょうちゅう）に子どもが机の上に乗って（　　　　）ケースが多いそうだ。

1　およぐ　　　　2　さわぐ　　　　3　つなぐ　　　　4　ぬぐ

22 この間旅行で撮った写真を友達に（　　　　）。

1　見せた　　　　2　見えた　　　　3　見つけた　　　　4　見つめた

23 今回の地震の被害は広（　　　　）に及んでいる。

1　範囲　　　　2　周囲　　　　3　地域　　　　4　面積

24 友達に（　　　　）のいい店を紹介（しょうかい）してもらった。

1　評価　　　　2　評判　　　　3　批判　　　　4　反映

25 大学時代に情報システムを（　　　　）してきた。

1　専門　　　　　　2　専攻　　　　　3　入門　　　　　4　速攻

問題4　_____に意味が最も近いものを、1・2・3・4から一つえらびなさい。

26 いろいろな方法をためしてみたが、うまくいかなかった。

1　ぐあい　　　　2　やりかた　　　3　つごう　　　　4　しゅるい

27 彼は京都の歴史にくわしい。

1　京都の歴史をよく知っている　　　2　京都の歴史をよく気になる

3　京都の歴史をよく教えている　　　4　京都の歴史をよく語っている

28 うそをついたので、母が怒るのも当然だ。

1　無理　　　　2　必然　　　　3　あたり前　　　4　偶然

29 あの人は適当な人だから、信用しないほうがいい。

1　いいかげんな　2　わがままな　3　いじわるな　4　きのどくな

30 ふだんと同じように走っている。

1　昔　　　　　　2　例　　　　　　3　みんな　　　　4　いつも

問題5　つぎのことばの使い方として最もよいものを、1・2・3・4から一つえらびなさい。

31 揃う

1　チケットを買うのに、たくさんの人が揃っている。

2　この店は、文房具なら何でも揃っている。

3　多くのファンが空港で人気歌手を揃っている。

4　長雨の被害が揃っている。

32 予約

1　飛行機の予約が取れなかった。

2　彼と予約をしたのに、守ってくれなかった。

3　午後予約があって、お先に失礼します。

4　予約どおりに出発できてうれしい。

33 しゃべる

1　論文を書くために図書館で資料をしゃべっている。

2　雨で床が<u>しゃべって</u>倒れそうになった。

3　姉は食卓に食器を<u>しゃべって</u>いる。

4　彼のことをうっかり<u>しゃべって</u>しまった。

34　合図

1　旅行先では<u>合図</u>を見ながら道を確かめた。

2　機械の<u>合図</u>が複雑でよくわからない。

3　警官が車を止めるよう<u>合図</u>をした。

4　未来都市の<u>合図</u>を語る。

35　なるべく

1　<u>なるべく</u>残さずに食べなさい。

2　悩みがあったら、<u>なるべく</u>ご相談ください。

3　こんなに真面目に勉強すれば、<u>なるべく</u>試験に合格するだろう。

4　あの二人は会えば、<u>なるべく</u>けんかをする。

模擬テスト

第1回
<ruby>第<rt>だい</rt></ruby> 1 <ruby>回<rt>かい</rt></ruby>

<ruby>言語知識<rt>げんごちしき</rt></ruby>（<ruby>文法<rt>ぶんぽう</rt></ruby>）・<ruby>読解<rt>どっかい</rt></ruby>

（70ぷん）

問題1 つぎの文の（　　　　　）に入れるのに最もよいものを、1・2・3・4から一つえらびなさい。

1　その仕事は新人の山田さん（　　　　　）無理だろう。

1　から　　　　　2　さえ　　　　　3　には　　　　　4　でも

2　A「この本、面白そうですね。」

　　B「ええ、ぜひ娘に（　　　　）と思って、図書館から借りてきました。」

1　読まれる　　　2　読まれよう　　3　読ませる　　　4　読ませよう

3　ペットに（　　　　）愛情は人によってずいぶん違う。

1　対する　　　　2　関する　　　　3　とっての　　　4　つれて

4　ゆうべ、（　　　　）アイスクリームが食べたくて、夜中にコンビニに買いに行った。

1　それほど　　　2　けっして　　　3　次第に　　　　4　どうしても

5　父は自分に厳しい（　　　　）、他人には優しい。

1　みたいで　　　2　もので　　　　3　一方で　　　　4　ばかりか

6　A「山下さんはまだ来ていないの？」

　　B「昨日連絡しましたので、きっと来る（　　　　）です。」

1　わけ　　　　　2　はず　　　　　3　もの　　　　　4　べき

7　（会社で）

　　A「山下さん、会議室の電気がつかないから、ビルの管理人を（　　　　）んですが。」

　　B「はい、すぐ行ってきます。」

1　呼んでくれない　　　　　　　　　2　呼んできてほしい

3　呼んであげたい　　　　　　　　　4　呼んでしまった

8　昨日、帰りに電車を（　　　　）、傘を中に忘れたことに気づいた。

1　降りたら　　　2　降りれば　　　3　降りるなら　　4　降りずに

9　A「最近何度も田中さんの家に行ったが、いつも留守だったんだ。いったい何があったの？」

　　B「え？田中さんが入院したという（　　　　）を知らないの？」

1　もの　　　　　2　こと　　　　　3　ため　　　　　4　ところ

10 先輩が手伝ってくれた（　　　　　）、仕事が早く終わった。

1　ためには　　　　　2　せいで　　　　　3　あまり　　　　　4　おかげで

11 最近とても忙しくて、休日（　　　　　）出勤することがある。

1　まで　　　　　2　までに　　　　　3　ほどに　　　　　4　ほど

12 残念（　　　　　）、今回の大会では優勝できませんでした。

1　なら　　　　　2　けれど　　　　　3　にしても　　　　　4　ながら

13 （デパートで）

A「すみません、デパートの3階に行きたいんですが。」

B「はい、エレベーターはお客様の右側（　　　　　）。そして、左側に階段も

（　　　　　）ので、ご使用ください。」

1　ございます/ございます

2　ございます/いらっしゃいます

3　にございます/ございます

4　にございます/いらっしゃいます

問題2　つぎの文の＿＿★＿＿に入る最もよいものを、1・2・3・4から一つえらびなさい。

（問題例）

つくえの　＿＿＿＿＿　＿＿＿＿＿　＿＿★＿＿　＿＿＿＿＿　あります。

1　が　　　　　2　に　　　　　3　上　　　　　4　ペン

（解答のしかた）

1. 正しい答えはこうなります。

つくえの　＿＿＿＿＿　＿＿＿＿＿　＿＿★＿＿　＿＿＿＿＿　あります。
3上　　　2に　　　4ペン　　　1が

2.　＿＿★＿＿に入る番号を解答用紙にマークします。

（解答用紙）　| （例）　①　②　③　● |

14 家の近くに、テニス用品　＿＿＿＿＿　＿＿＿＿＿　＿＿★＿＿　＿＿＿＿＿　スポーツ専門店ができました。

1　中心　　　　　2　を　　　　　3　とした　　　　　4　新しい

15 A「きのう、図書館で見かけたわ。何をしていたの?」

B「ああ、レポートを書く ＿＿＿＿ ＿＿＿＿ ★ ＿＿＿＿ を集めていたの。」

1 資料　　　　2 についての　　　3 農業　　　　4 ために

16 お客さんが来るから、＿＿＿＿ ＿＿＿＿ ★ ＿＿＿＿ してください。

1 掃除　　　　2 きれいに　　　3 を　　　　4 部屋

17 大事なことは ＿＿＿＿ ＿＿＿＿ ★ ＿＿＿＿ ほうがいいよ。

1 メモして　　2 うちに　　　3 おいた　　　4 忘れない

18 少子化 ＿＿＿＿ ＿＿＿＿ ★ ＿＿＿＿ もだんだん減ってきた。

1 の　　　　　2 数　　　　　3 幼稚園　　　4 に伴って

問題3　つぎの文章を読んで、文章全体の内容を考えて、 19 から 23 の中に入る最もよいものを、1・2・3・4から一つえらびなさい。

以下は留学生の作文です。

1,000万円当たったら

アンナ　クロスリー

　日本では、年末になると、街や駅前などの宝くじ売り場の前に長い行列ができているのをよく見かけます。確かに1枚300円から気軽に購入できますから、試しに 19 と思うでしょう。

　 20 、もし1,000万円当たったら、みなさんはどうしますか。先日、周りの友だちやクラスメートに「1,000万円もらったらどうしますか」と聞いてみました。「全部使う」と答えた人が半分以上もいました。「半分は貯金して、半分は使う」と答えた人も少なくなかったですが、「全部貯金する」という人はあまりいませんでした。

　「全部使う」と答えた田中さんはこう言いました。「 21 明日はどうなるかわからないので、世界一周に行ったり、衝動買いをしたりして、ぱっと使いたいです。」「半分は貯金して、半分は使う」と答えた西村先輩は、「全部使う 22 もったいないから、半分は貯金して、半分は生活費に使います」と言ってくれました。学生が多いから、このような結果が出るのでしょう。学生ではなく家計を管理している主婦や家庭を持つサラリーマンに聞いたら、 23 。

19

1	買いたくない	2	買ってみようか
3	買ってもらいたい	4	買ってあげたい

20

1	ところで	2	じつは
3	だから	4	しかも

21

1 貯金しなければ

2 貯金しようと

3 貯金しても

4 貯金がなかったら

22

1	には	2	のは
3	では	4	のに

23

1 同じ結果になるでしょう

2 違う結果になったらどうでしょうか

3 同じ結果になろうと思います

4 違う結果になるかもしれません

問題4 つぎの(1)から(4)の文章を読んで、質問に答えなさい。答えは、1・2・3・4から最もよいものを一つえらびなさい。

（1）

2020年3月8日

東洋製鉄株式会社

営業部長　吉田忠雄様

ＭＣ重工株式会社

営業部長　鈴木衛

拝啓　貴社ますますご盛栄のこととお喜び申し上げます。

　さて、本年も新入社員の研修のため、名古屋工場を見学させていただきたいと思います。

　お忙しいところ、すみませんが、ご都合のよろしい日時と、その他のご指示をいただけないでしょうか。

　よろしくお願いいたします。

敬具

24　この手紙の内容について、正しいのはどれか。

1　「東洋製鉄株式会社」は、毎年新入社員の研修を行っている。

2　「ＭＣ重工株式会社」は、名古屋に工場を持っている。

3　吉田さんは工場見学の日にちを決めて、鈴木さんに知らせる。

4　鈴木さんは都合のいい時間を決めて、吉田さんに返事を書く。

（2）

　翔太くんの家のテーブルの上に、このメモが置いてある。

翔太へ

　急な用事で、ちょっと会社に行ってくるね。7時半までには帰れると思うけど、おなかがすいて待てなかったら、先に食べてください。冷蔵庫に昨日作ったカレーがあるから、レンジで温めて食べてください。ご飯は炊飯器にあります。

　それから、学校の宿題を全部終わらせてね。ママが帰ったらチェックするから。時間があったら、金魚に餌をやってください。

　おいしいアイスクリームでも買って帰るね。

ママ

25　このメモを読んで、翔太くんがしなければならないことは何か。

1　会社に行く。

2　ご飯を食べる。

3　宿題をする。

4　アイスクリームを買って帰る。

（3）

　電子レンジで上手に調理をするためには、まず電子レンジの特徴や仕組み、使う道具などについて把握しておくことが大切です。そのポイントはまず、電子レンジに使える道具や容器を備えておくことです。そして、加熱時間は食品の温度や室温、容器の大き

さなどによっても微妙に違うので、様子を見ながら短めに設定したほうがいいです。最後に加熱ムラ(注)をなくすために、食材の大きさを揃え、容器などを等間隔に並べるといいです。

(注)加熱ムラ：食べ物が均一に温められていない様子

26 紹介された電子レンジの使い方と合っているものはどれか。

1 加熱する前に、容器を消毒すること

2 加熱時間は短いほどいいということ

3 適切な間隔を置いて容器を並べること

4 食材を大きめの容器に入れて加熱すること

（4）

今は受験シーズンの真ん中です。受験に挑む皆さん、調子はいかがですか。受験で一番大切なのは、勉強をしっかりすることはもちろん、試験会場で実力を最大限に発揮できるかどうかにあります。健康状態が合否を分けると言っても言いすぎではありません。試験当日、具合が悪い中で受験しても、100％の力は発揮できません。たとえば高熱を出して、無理して受験しても、終了のチャイムが鳴り、鉛筆を置くと、悔し涙を答案用紙の上に落とすことになります。だから今すぐ生活リズムをチェックしてください。

27 筆者がここで最も言いたいことは何か。

1 試験を前に、しっかり勉強しなければならない。

2 最終的に試験の合否を決めるのは健康状態である。

3 高熱が出た時は、試験に参加しないほうがいい。

4 受験に向けて、健康管理を大切にするべきだ。

問題5 つぎの（1）と（2）の文章を読んで、質問に答えなさい。答えは、1・2・3・4から最もよいものを一つえらびなさい。

（1）

田舎に住む友人宅を訪れる途中、道路の脇に小さな八百屋らしい店があった。

店の中にも、その周辺にも人がいない。店の中には、大根や白菜などが籠に入れて置いてあり、隅には、「料金入れ」と書かれた箱が置いてあった。つまり、「無人店」である。だから、お金を払わずに、欲しい野菜を無料で持ち去っても分からない。

友人に聞くと、近くの農家のお年寄り夫婦が、①「おすそ分け」の気持ちで店を開いて

いる、と話してくれた。「必要なら、どうぞ持ち帰ってください。お金が無くてもかまいません」と、お年寄り夫婦が店に来た人に言っているらしい。料金箱から、お札だと思って取り出したら、手紙だった。「以前、お金を払わずに持ち帰りました。申し訳ありません」と、書かれた便せんに、1,000円札が包まれていたこともあったという。

春はまだ遠い冬の山里の寒さが身にしみたが、それを聞いて、②ほのぼの(注1)とした心のぬくもり(注2)を感じた。

(注1)ほのぼの：心あたたまるさま

(注2)ぬくもり：あたたかみ

28 ①「おすそ分け」の気持ちとあるが、どんなことを言っているか。

1 野菜をただで、必要とする人にあげること

2 野菜を売って、お金をもらうこと

3 野菜を植えることで、人を喜ばせること

4 野菜を買って、必要な人に分けること

29 筆者が②「ほのぼのとした心のぬくもりを感じた」のはなぜか。

1 暖かい春の便りを感じ取っているから

2 お年寄り夫婦が暖かくもてなしてくれたから

3 田舎には他人への信頼と温かい善意が生きているから

4 遠い山里で久しぶりの親友に出会ったから

30 本文の内容と合っているものはどれか。

1 お年寄り夫婦のストーリーが人々を感動させ、「無人店」の規模も大きくなった。

2 友人は「無人店」で野菜を購入したことでお年寄り夫婦と知り合った。

3 「無人店」では、顧客がお金を料金箱に入れてから野菜を取ることになっている。

4 野菜を取る時にお金を払わなかった客が後でお金を返す場合がある。

（2）

人間が目標を持ったとき、脳は活性化するらしい。

他人から与えられたものではなく、自分で選び取ったものなら、身体も賦活される。少々の疲労は克服できるし、風邪などにもかかりにくくなる。

人生やビジネスに目標を持つべきだ、というようなことが最近よく言われるが、①私はそういう言い方に違和感を覚える。目標というものは、「持つべきだ」とか、「持ったほうがいい」ものではなくて、「持たなければいけない」とわざわざ啓蒙するものでもない。

②目標は、あったほうがいいという程度のものではなく、本当は水や空気と同じで、それがなければ生きていけない。目標を持っていなければ、人は具体的にどういった努

力をすればいいのか分からない。ものごとの優先順序もつけられない。また当たり前のことだが、目標は天から降ってくるものではないし、誰かから与えられるものでもない。自ら設定できなければ何の意味もない。

[31] ①「私はそういう言い方に違和感を覚える」とあるが、なぜか。

1 目標のない人に対して、「目標を持つべきだ」といっても無意味だから
2 「目標を持つべきだ」というのは誰しも知っていることだから
3 人生の目標は青少年時期にすでに決まったもので、今更言うのはもう遅いから
4 目標は生きていく上で必要不可欠なもので、他人から要求されるものではないから

[32] ②「目標」の説明について、文章の内容と合っていないものはどれか。

1 目標は物事の優先順序を決める基準となるもので、前もって設定したほうがいい。
2 目標は水や空気と同じようなもので、人間が生まれながらにして持つものである。
3 自分で目標を設定し、そして努力してその目標を実現することが人にとって大切だ。
4 誰かから目標を与えられる人より、自ら目標を設定する人は、積極的に取り組みことができる。

[33] 文章の内容と合っているものはどれか。

1 人生において目標はとても大事なもので、自分で決めなければならない。
2 目標のある人は、体の抵抗力も高まり、病気にかかりにくくなる。
3 自分で決めた目標であるなら、それが実現できなくても悔いはない。
4 人は具体的な目標を与えられないと、何をしたらよいか分からない。

問題6 つぎの文章を読んで、質問に答えなさい。答えは、1・2・3・4から最もよいものを一つえらびなさい。

次は家庭でできる掃除のコツをいくつか紹介します。

まず、①冷蔵庫・冷凍庫内部の掃除をするとき、何より大事なのはプラグを抜くことです。プラグを抜いて、中の物を取り出し、庫内の取り外せる物はすべて外して、台所用洗剤で洗って水洗い、水拭きします。そのあと、取り外して洗った器具と、庫内、扉の内側等を消毒用アルコールや除菌・抗菌・消臭スプレーで殺菌しておくとよいでしょう。但し、②透明なプラスチックが使われている引出し等は、アルコールで拭くと白く

くもる場合がありますので、注意して下さい。この場合は、塩素系漂白剤を水で2～3倍に薄めた溶液で拭くと殺菌効果があります。

そして、③カビを防ぐには、こまめに洗剤を歯ブラシにつけて、軽く擦ることです。もしカビがついてしまった場合は、ひどくならないうちに、ジェル状の塩素系カビ取り剤を使ってください。カビがひどい場合でも、薄くなります。最後は必ず水洗いか、水拭きを忘れずにしてください。

最後に、④シンクの排水詰まりを防ぐ方法としては、油や野菜くず等はなるべく流さないようにすることです。なぜかと言いますと、油分は排水に流れると、冷えて排水管内部に付着し、これが固まって排水管の内径を細くします。また、食物のゴミ等の有機物が、排水管内部で腐敗し、それらが付着して悪臭や内径を細くする原因にもなります。

34 ①「冷蔵庫・冷凍庫内部の掃除」とあるが、その説明について、文章の内容と合っているものはどれか。

1 冷蔵庫内部の掃除には、水の代わりにアルコールを使ったほうがいい。

2 冷蔵庫を掃除するとき、電源を切ることが何より重要だ。

3 冷蔵庫を掃除する時は、内部の引出しを全部取り外さなければならない。

4 冷蔵庫の扉の内側には、除菌剤や消臭剤の使用を避けたほうがいい。

35 ②「透明なプラスチックが使われている引出し等」とあるが、文章によるとその「引出し」を掃除するとき、何を使ったらよいか。

1 消毒用アルコール　　　　　2 抗菌剤

3 消臭スプレー　　　　　　　4 漂白剤が含まれた溶液

36 ③「カビ」対策として、正しいのはどれか。

1 カビが生えやすいところには歯みがき粉を塗ることが効果的だ。

2 カビの予防対策として、普段からカビ取り剤を使うといい。

3 カビがひどくなったとき、特別な洗剤を使えば薄くなる。

4 水のあるところにカビが生えやすいので、液体の洗剤は使わないほうがいい。

37 ④「シンクの排水詰まり」とあるが、その説明と合っているものはどれか。

1 野菜くずが下水道に流れると、冷えて排水管内部に付着し、排水管が固まる。

2 油分の入った排水は排水管内部で発酵し、排水管を腐蝕する恐れがある。

3 排水管の食物ゴミをきれいに取るには、油分を分解できる洗剤を使うといい。

4 排水詰まりを防ぐには、普段排水を流す時から気をつけなければならない。

問題7　つぎのページは、小学校の授業参観の知らせである。これを読んで、下の質問に答えなさい。答えは、**1・2・3・4**から最もよいものを一つえらびなさい。

38　自転車で学校に来る保護者はどこに駐輪すればいいのか。

1　道路側

2　正門の前

3　グラウンド

4　鉄棒の前

39　文章の内容と合っているものはどれか。

1　授業参観は各教室で行われる。

2　授業中の様子を撮影してもいい。

3　授業参観中、静かにしなければならない。

4　保護者は自分のスリッパを持っていく必要がある。

令和4年5月10日

保護者各位

新世界私立小学校

校長　滝沢次郎

授業参観のお知らせ

　新緑がまぶしい季節になりましたが、皆様のご健勝のこととお喜び申し上げます。平素は、学校運営にご協力いただきまして、ありがとうございます。

　さて、下記のとおり授業参観を予定しております。お子様の学校での生活ぶりをご覧ください。

記

1. 時　　間：6月13日（月）　5時間目（13:30～14:20）
2. 場　　所：各教室（1年3組のみグラウンドにて参観）
3. 備　　考：

○ ご来校の際には、スリッパ等の上履き、下履きを入れる袋をご持参くださいますようお願い申し上げます。

○ 自転車でご来校の場合は、道路に絶対に駐輪しないでください。正門からお入りになり、鉄棒前に駐輪してください。

○ 授業中のＶＴＲや写真撮影は、ご遠慮ください。

○ 授業中は、児童の学習の妨げにならぬよう、お静かにお願いいたします。

○ 当日は、全学年5時間授業となります。

以上

模擬テスト

第1回

聴解

（40ぷん）

問題 1

問題1では、まず質問を聞いてください。それから 話 を聞いて、問題用紙の1から4の中から、最 もよいものを一つえらんでください。

1ばん

1　4時
2　4時半
3　5時
4　5時半

2ばん

1　焼きギョーザを持ってくる
2　スープを持ってくる
3　はしを持ってくる
4　手でギョーザを食べる

3ばん

1　会社で昼寝をする
2　近くの店へ行ってやすむ
3　家へ帰ってねる
4　会社にもどってコーヒーを飲む

4ばん

1　カレー屋
2　四川料理屋
3　韓国料理屋
4　日本料理屋

5ばん

1　しりょうを持ってくる
2　しりょうをコピーする
3　山田 商 事にカタログをおくる
4　カタログをいんさつする

6ばん

1　でんちと割りばし　　　　　　　2　グラスとおはし
3　飲み物と割りばし　　　　　　　4　カメラと割りばし

問題 2

　問題2では、まず質問を聞いてください。そのあと、問題用紙を見てください。読む時間があります。それから話を聞いて、問題用紙の1から4の中から、最もよいものを一つえらんでください。

1ばん

1　遅くまで飲んだから

2　ざんぎょうしたから

3　友だちにひっこしをたのまれたから

4　朝、早く起きたから

2ばん

1　かみ　　　　　　2　のり　　　　　　3　クリップ　　　　4　ホッチキス

3ばん

1　ポケットにあなが開いたから

2　ポケットにあなが開いているところを人に見られたから

3　彼女からもらったストラップをなくしたから

4　彼女からもらったストラップをすりにすられたから

4ばん

1　変わりやすいせいかくだから

2　仕事が自分に向いていなかったから

3　大きなミスをおかしたから

4　せきにんかんが足りないから

5ばん

1　仕事でいろいろと失敗したから

2　将来のほうこうが見えてきたから

3　何でもチャレンジしてみようと思ったから

4　皆さんに面倒ばかりかけていたから

6ばん

1　健康にいいから

2　友だちと一緒に出て楽しいから

3　練習の成果をかくにんできるから

4　いろいろな所の景色をたのしめるから

問題 3

問題3では、問題用紙に何もいんさつされていません。この問題は、ぜんたいとしてどんなないようかを聞く問題です。話の前に質問はありません。まず話を聞いてください。それから、質問とせんたくしを聞いて、1から4の中から、最もよいものを一つえらんでください。

—メモ—

問題 4

問題4では、えを見ながら質問を聞いてください。やじるし（➡）の人は何と言いますか。1から3の中から、最もよいものを一つえらんでください。

1ばん

2ばん

3ばん

4ばん

問題 5

　問題5では、問題用紙に何もいんさつされていません。まず文を聞いてください。それから、そのへんじを聞いて、1から3の中から、最もよいものを一つえらんでください。

―メモ―

模擬テスト

げんごちしき（もじ・ごい）

（30ぷん）

問題1 _____のことばの読み方として最もよいものを、1・2・3・4から一つえらびなさい。

1 部長の代わりに課長が会議に出席した。

　　1　しゅうせき　　2　しゅつせき　　3　しゅっせき　　4　しゅせき

2 家計を助けるために、アルバイトを始めた。

　　1　たすける　　　2　とどける　　　3　でかける　　　4　つづける

3 外国人の彼はお箸が上手に使えない。

　　1　さら　　　　　2　はこ　　　　　3　はし　　　　　4　さか

4 新人の彼女はまだ仕事の経験が浅い。

　　1　あおい　　　　2　あらい　　　　3　あさい　　　　4　あかい

5 小さい時、雷がとても怖かった。

　　1　いたずら　　　2　つまさき　　　3　あしあと　　　4　かみなり

6 天気予報によると、明日は雨だそうだ。

　　1　ようほう　　　2　ようほ　　　　3　よほう　　　　4　よぼう

7 斉藤さんは仕事に熱心な人だ。

　　1　ねっしん　　　2　あつしん　　　3　ねっしん　　　4　ねつじん

8 メガネがないので、家中を探した。

　　1　さがした　　　2　ながした　　　3　はなした　　　4　なおした

問題2 _____のことばを漢字で書くとき、最もよいものを、1・2・3・4から一つえらびなさい。

9 ここから一キロほど進むと、大きなかんばんが見えてくる。

　　1　観版　　　　　2　観判　　　　　3　看板　　　　　4　看版

10 姉は結婚して幸せな生活をおくっている。

　　1　過って　　　　2　送って　　　　3　活って　　　　4　渡って

11 久しぶりに友人からたよりをもらった。

　　1　頼り　　　　　2　郵り　　　　　3　便り　　　　　4　知り

12 その説はちょっと<u>あやしい</u>。

1 怪しい 2 器しい 3 疑しい 4 奇しい

13 こわれたパソコンが<u>なおった</u>。

1 治った 2 置った 3 直った 4 修った

14 彼はよく<u>じょうだん</u>を言って人を笑わせる。

1 定談 2 冗談 3 上談 4 条談

問題3 （　　　　）に入れるのに最もよいものを、1・2・3・4から一つえらびなさい。

15 彼が何を言っているのか、（　　　　）わからない。

1 ぐっすり 2 すっきり 3 のんびり 4 さっぱり

16 妹は（　　　　）泣き出しそうな顔をしている。

1 そのころ 2 いまにも 3 さきほど 4 しばらく

17 テレビの音が（　　　　）、勉強に集中できない。

1 うるさくて 2 ちいさくて 3 こまかくて 4 ふるくて

18 犯人が（　　　　）に逃げている。

1 見事 2 非常 3 急激 4 必死

19 気温が下がって、（　　　　）をする人が多くなった。

1 ネックレス 2 ハンカチ 3 サイン 4 マフラー

20 学校の規則を（　　　　）べきだ。

1 まもる 2 とおる 3 うつる 4 のぼる

21 赤いスカートを（　　　　）いる人が加奈子さんだ。

1 かぶって 2 しめて 3 きて 4 はいて

22 台風の影響で明日から天気が（　　　　）そうだ。

1 壊れる 2 崩れる 3 倒れる 4 連れる

23 この箱の（　　　　）は何ですか。

1 中身 2 内容 3 仲間 4 内心

24 三日間の有給（　　　　）を取る。

1 休養 2 給料 3 休暇 4 賞与

25 父に「そんなわがままは、社会では(　　　　　)しないぞ」と言われた。

　　1　普通　　　　　2　共通　　　　　3　通用　　　　　4　通行

問題4　　_____に意味が最も近いものを、1・2・3・4から一つえらびなさい。

26 出張でおよそ一ヵ月間、パリに滞在した。

　　1　たしょう　　　2　だいたい　　　3　たくさん　　　4　たしかに

27 文章の大事なところにしるしをつける。

　　1　マーク　　　　2　スーツ　　　　3　ルール　　　　4　ソース

28 A銀行が倒産するかもしれないといううわさが流れた。

　　1　届いた　　　　2　強まった　　　3　広まった　　　4　隠れた

29 彼は国に帰るたびに山崎先生を訪問する。

　　1　あわてる　　　2　よごれる　　　3　もとめる　　　4　たずねる

30 仕事がまだだいぶ残っている。

　　1　とても　　　　2　かなり　　　　3　ずっと　　　　4　ついに

問題5　つぎのことばの使い方として最もよいものを、1・2・3・4から一つえらびなさい。

31 縮む

　　1　このセーターは洗っても縮まない。

　　2　機械の導入で労働時間が縮んだ。

　　3　不景気のため、会社の規模が縮むことになった。

　　4　三ヶ月も雨が降っていないので、水が縮む恐れがある。

32 活躍

　　1　そのボランティア団体は環境を守ろうと各地で活躍している。

　　2　課長は今回の失敗の責任を取るために活躍した。

　　3　山田選手の活躍で、昨日の試合で勝つことができた。

　　4　今日の作文の授業では新聞記事を活躍する。

33 飾る

　　1　店頭に野菜や果物などが飾ってある。

　　2　スーツがクロゼットの中に飾ってある。

3 庭には松の木が飾ってある。

4 部屋にはたくさんの花が飾ってある。

[34] 変更

1 予定変更の場合は、連絡してください。

2 5年ぶりの故郷には大きな変更があって驚いた。

3 この問題についてみんな意見変更をした。

4 人生を変更するために、努力が必要だ。

[35] はじめて

1 ものごとははじめてが大切だ。

2 試合がはじめてから3時間が経った。

3 日本に帰ったら、一番はじめて何を食べますか。

4 はじめて海外旅行に行ったのは20歳のときだった。

模擬テスト

第 2 回

言語知識（文法）・読解

（70ぷん）

問題1 つぎの文の（　　　　）に入れるのに最もよいものを、1・2・3・4から一つえらびなさい。

1 不景気（　　　　）、就職難という問題が目立ってきた。
1 に　　　　　　　2 では　　　　　　　3 には　　　　　　4 で

2 A「一緒にどこかへ遊びに行こうよ。」
B「今は無理。今日（　　　　）レポートを終わらせなきゃ。」
1 ぐらい　　　　　2 では　　　　　　　3 までに　　　　　4 きり

3 雨の（　　　　）、せっかく植えた苗が水に流された。
1 ように　　　　　2 うえに　　　　　　3 せいで　　　　　4 おかげで

4 　母「何を見ているの？あ、オリンピックか。確か今日から始まるね。」
息子「これから開会式が（　　　　）だ。試合は明日からだよ。」
1 行われるところ　　　　　　　　2 行っているところ
3 行われたはず　　　　　　　　　4 行っているはず

5 留学する（　　　　）、留学ビザの申請が必要だ。
1 だけ　　　　　　2 と　　　　　　　　3 なら　　　　　　4 とは

6 この本棚は重すぎて、押しても（　　　　）動かない。
1 やっと　　　　　2 ちっとも　　　　　3 すっかり　　　　4 せっかく

7 昨日の番組で紹介されたこの商品は、短時間のうちにたくさん注文された
（　　　　）、一時的欠品となっている。
1 ため　　　　　　2 くせに　　　　　　3 ように　　　　　4 つもりで

8 地震の際には、エレベーターを使わない（　　　　）。
1 ようとする　　2 ようにする　　3 ようと思う　　4 ようになる

9 初級クラスの学生には、分かり（　　　　）例文で文法を説明する。
1 ように　　　　　2 にくい　　　　　　3 ために　　　　　4 やすい

10 アイスクリームは嫌いな（　　　　）が、ダイエットのためあまり食べない。
1 わけだ　　　　　　　　　　　　2 わけではない
3 ないわけではない　　　　　　　4 わけにはいかない

11 この電子辞書は言葉の使い方を調べる(　　　　)役に立つ。

1　とか　　　　　2　ので　　　　　3　から　　　　　4　のに

12 このコンビニには、高級(こうきゅう)なケーキ屋で(　　　　)ほど華(はな)やかなスイーツがある。

1　売っていてもおかしくない　　　　2　売ってはいけない

3　売ってもかまわない　　　　　　　4　売っておいたほうがいい

13 社長はご自分で車を(　　　　)そうだ。

1　運転させる　　2　運転される　　3　お運転する　　4　運転いたす

問題2　つぎの文の＿＿★＿＿に入る最もよいものを、1・2・3・4から一つえらびなさい。

- -

（問題例(れい)）

　　　つくえの ＿＿＿＿＿ ＿＿★＿＿ ＿＿＿＿＿ あります。

　　　1　が　　　　　　2　に　　　　　3　上　　　　　4　ペン

（解答(かいとう)のしかた）

1. 正しい答えはこうなります。

つくえの	＿＿＿＿＿	＿＿＿＿＿	＿＿★＿＿	＿＿＿＿＿	あります。
	3上	2に	4ペン	1が	

2. ＿＿★＿＿に入る番号(ばんごう)を解答(かいとう)用紙にマークします。

（解答(かいとう)用紙）（例(れい)）　①　②　③　●

- -

14 このバスは次の「青森駅」＿＿＿＿ ＿＿★＿＿ ＿＿＿＿ ＿＿＿＿、その先は歩いていこう。

1　しか　　　　　2　から　　　　　3　まで　　　　　4　行かない

15 A「昨日宝くじを買ったんです。」

　　B「もし ＿＿＿＿＿ ＿＿＿＿＿ ＿＿★＿＿ ＿＿＿＿＿、何に使いますか。」

1　一千万円の　　2　当たった　　3　賞金が　　　　4　としたら

16 昨日 ＿＿＿＿＿ ＿＿＿＿＿ ＿＿★＿＿ ＿＿＿＿＿ から、一緒に行きませんか。

1　レストランが　　　　　　　　　　2　ある

3　ばかりの　　　　　　　　　　　　4　オープンした

17 今の子どもたち ＿＿＿＿ ＿＿＿＿ ★ ＿＿＿＿ とアメリカの学者
が主張している。

1　時間の　　　　　2　にとって　　　　3　無駄だ　　　　4　暗記は

18 きっと ＿＿＿＿ ＿＿＿＿ ★ ＿＿＿＿ 異国の町も好きになるだろう。

1　知る　　　　　　2　この　　　　　　3　ほど　　　　　4　知れば

問題3　つぎの文章を読んで、文章全体の内容を考えて、| 19 | から | 23 | の中に
入る最もよいものを、1・2・3・4から一つえらびなさい。

以下は留学生の作文です。

パソコンをインターネットにつなぐこと

ダニエル　デュボア

　先週、パソコンを買いました。学校にはみんなが自由に使えるパソコンがあって、
今まではそれを使っていました。| 19 |、やはり自分のうちに一台ないと不便なの
で、近くの商店街で買いました。

　家に帰って、さっそくインターネットにつないで、国の友だちにメールでも送ろう
と思ったのですが、全然つながりませんでした。| 20 | パソコンだから、壊れている
はずがないだろうと、1時間も一人で悩みました。これではだめだと思って、パソコン
をよく知っている日本人の友人佐々木さんに電話をしました。でも、電話 | 21 | パソ
コンの様子をうまく説明できませんでした。私は思わずため息をつきました。する
と、佐々木さんが、「実際に様子を見ないとわかりませんね。今家にいますね。
| 22 | にお邪魔してもいいですか」と優しく言ってくれました。私は「それは助かり
ます。ありがとうございます」と言いました。

　佐々木さんに来てもらって、すぐに原因がわかりました。そして、3分でインター
ネットにつながりました。私はたいへんうれしくて、お礼を言いました。| 23 | と思
いました。

19

1　また　　　　　2　つまり　　　　3　そのうえ　　　　4　でも

20

1　買ってきたばかりの　　　　　　2　買っていったばかりの

3　買っているための　　　　　　　4　買っておくための

21

1　まで　　　　　2　さえ　　　　3　にも　　　　4　では

22

1　こちら　　　　2　そちら　　　　3　あちら　　　4　どちら

23

1　いつかまた呼ぼう　　　　　　　2　呼ばなければよかった

3　もっと早く呼べばよかった　　　　4　もう呼んできただろう

問題4　つぎの（1）から（4）の文章を読んで、質問に答えなさい。答えは、1・2・3・4から最もよいものを一つえらびなさい。

（1）

松村課長の机の上に、このメモが置いてある。

電話メモ

松村課長　宛

7月 10日（水）　午後 3時 10分　　　　　長島受信

株式会社ＡＫ工業　営業部　鈴木　様から

　　　　　　　　　　　　　　　　電話がありました

■　連絡ください
　　（　TEL　03－8321－0078　）
□　もう一度電話します
　　（　　日　　時ごろに）
□　伝えてください

用　件：　見積書ができあがったので、詳細を説明したい、

ご都合のよい時間帯をお知らせくださいとのことでした。

本日、会社には午後8時までいらっしゃるそうです。

24 この電話メモを見た人は、どうするか。

　　1　鈴木さんが、長島さんに電話をかけて見積書の説明をする。

　　2　鈴木さんが、長島さんに電話をかけて会う時間を伝える。

　　3　松村さんが、鈴木さんに電話をかけて見積書の説明をする。

　　4　松村さんが、鈴木さんに電話をかけて会う時間を伝える。

（2）

　先日、携帯電話を床に落とした。本体は無事だったが、裏ぶたが歪んでしまった。早速、購入した店に行き、裏ぶたの交換を頼んだが、店員は確かめもせずに「在庫はない」と、買い替えを勧めてきた。そこで、ほかの店へ行き、買い替えるつもりはないと伝えたうえで、裏ぶたの交換を頼んだ。やはり在庫はなかったが、ちゃんと取り寄せてくれ、1週間後に交換できた。最初の店員の対応に嫌な思いがした。確かに私の携帯は古いが、まだ使える物を捨てさせ、新品を買わせるのは間違っていると思う。

25 文章の内容と合っているものはどれか。

　　1　筆者は携帯電話の裏ぶたを交換できなかった。

　　2　筆者は新しい携帯電話を買うつもりはなかった。

　　3　筆者の携帯電話は床に落ちて、使えなくなった。

　　4　筆者はほかの店で新しい携帯電話に交換してもらった。

（3）

　これは、あるホテルから山崎さんに届いたメールである。

山崎薫　様

この度は、中森ホテルをご予約いただきありがとうございます。
下のご予約内容を確認していただき、チェックイン日の3日前までに代金をお振り込みください。
なお、チェックイン日の7日前以降のお取り消しには、キャンセル料が発生しますので、ご注意ください（7日前〜2日前まで30％、2日前〜前日まで50％、当日100％）。
ご質問などがございましたら、ご連絡ください。

```
＜ご予約内容＞
予約番号:          1524365121422
お名前: 山崎　薫
人数:             2名様
部屋タイプ:        ダブルルーム（禁煙）
チェックイン日:    2023年6月22日
チェックアウト日:  2023年6月24日
宿泊日数:          2泊
合計料金:          24,000円
振り込み先:        三菱銀行名古屋支店　普通　1479632　中森ホテル
_____

中森ホテル　坂本
電話: 05－7413－2456
FAX: 05－7413－2321
```

26 中森ホテルの人がこのメールで最も伝えたいことは何か。

1 部屋の予約内容を確認したら、ホテルのほうに連絡してください。

2 泊まる料金をチェックイン日の3日前までに振り込んでください。

3 部屋のキャンセル料をチェックイン日の当日に支払ってください。

4 予約について何かわからないことがあれば、質問をしてください。

（4）

　喫煙するには当然マナーが必要です。最近は歩きタバコ禁止令を行っている地域も増えてきています。しかし、それでも歩きタバコをする人は後を絶ちません。それどころか喫煙する場所がなくなってしまったことから歩きタバコをする人が余計に増えたという地域もあるようです。歩きタバコをすると周りの人にとても迷惑がかかります。タバコは吸う人だけでなく、周りの人の健康にも害を与えるのです。だからきちんとマナーを守って喫煙するようにしましょう。

27 文章の内容に合っているものはどれか。

1 歩きタバコは周りの人に迷惑をかけるので、やめたほうがいい。

2 日本では、歩きタバコは法律により禁止されている。

3 最近、公共場所での喫煙を禁止する地域が多くなってきた。

4 禁止令の実施によって、歩きタバコをする人が少なくなった。

問題5　つぎの（1）と（2）の文章を読んで、質問に答えなさい。答えは、1・2・3・4から最もよいものを一つえらびなさい。

（1）

　それぞれの人間が「①自分らしさ」として意識しているものを心理学では「自己」と呼ぶ。若いときにはまだこれがよくつかめない。そのため「自分とは何者であるのか」と悩むことになる。

　しかし、この時期を過ぎ、②「自己」をよく知ることができるようになれば、生きることが少しずつ楽になってくる。そして、中高年にさしかかると、自分を肯定的にとらえることが多くなる。長い人生経験を経て「自分」をよく知り、自分のできることもできないこともわかり、どうすれば「自分らしさ」をより発揮できるかという方法も分かってくる。したがって、自己実現もしやすく、そのため自分を肯定的に認識することが多くなるのである。青年時代に「私なんか」と常に否定的に考えていたのとは異なる。

　こうして見てくると、③年を取ることはそう悪いことではない。経済的な、あるいは家族の問題などの制約はあるが、自分を知り、自分がやりたいことがはっきりしてくる中高年の人生は、中高年ならではの大きな可能性を秘めていると言える。

28　①「自分らしさ」とあるが、たとえば、どういうことが「自分らしさ」なのか、文章の説明に合っているものはどれか。

　1　ピアノが上手な友達がいて、自分も彼女のようになりたいということ

　2　人気のある歌手にあこがれて、これから自分も歌手になろうと決心すること

　3　数学のテストでよい成績を取らなかったので、自分は数学はダメだと決めこむこと

　4　自分には踊りの才能がないけど、ほかの面においてできることがあると信じること

29　②「『自己』をよく知る」とあるが、その説明について、文章の内容に合っているものはどれか。

　1　自己を知らない人こそ、自分の才能を肯定するのだ。

　2　人間は年を取ることにつれてだんだん否定的になる。

　3　若い人は自分をあまり知らないので、悩むことが多い。

　4　中高年になってはじめて、自分を知ることができる。

30　③「年を取ることはそう悪いことではない」とあるが、その理由として、文章の内容と合っているものはどれか。

　1　年を取るにつれて、人のできることがどんどん増えていくから

2　年を取ることで、人生を悟り、自分のやりたいことが見えてくるから

3　年を取るにつれて、自分を肯定的に見るようになり、悩み事も減っていくから

4　年を取ることで、自分のできないことがわかってきて、楽に過ごせるようになるから

（2）

　風邪やインフルエンザを食事で予防するには、温かいものを食べ、良質な蛋白質、ビタミンC、ベータカロチンなどを取ることが大切です。

　①肉類や魚には良質な蛋白質が多く含まれ、免疫力を高めます。

　②野菜や果物にはビタミンCが多く含まれています。このビタミンは、細胞同士をつなぐコラーゲンを生成し、抵抗力を高めてくれます。

　③ニンジン、ホウレン草などの緑黄色野菜に含まれるベータカロチンは抗酸化作用があり、細胞を傷つける活性酸素の害から体を守ります。

　こうしたポイントを意識した料理作りが、親だからこそできる強力なサポートです。「親子で乗り切る大学受験」を言葉に頑張ってください。東京箱根間往復大学駅伝競走で、2年連続2度目の総合優勝を飾った東洋大学の酒井俊幸監督も、練習とは別に、食生活の改善を図ったことが勝利への大きな要因の一つになったと言っていました。

[31]　この文章は何のために書いたものか。

1　風邪を引きやすい人へのアドバイスとして書いたもの

2　受験生の親たちへのアドバイスとして書いたもの

3　栄養士として生活の知恵を人々に紹介するために書いたもの

4　駅伝を走る選手の食生活の改善方法を紹介するために書いたもの

[32]　この栄養士のアドバイスと合っているものはどれか。

1　風邪を予防するには、ビタミンCのたくさん入ったものを食べるといい。

2　緑黄色野菜に含まれるベータカロテンは細胞を傷つける恐れがある。

3　肉類や魚に含まれる良質な蛋白質は筋肉を強める働きがある。

4　ニンジンやホウレン草には抗酸化作用の物質が入っているので、果物といっしょに食べないほうがいい。

[33]　「ベータカロチン」についての説明として、正しいものはどれか。

1　免疫力や抵抗力を高めることができる。

2　野菜や果物の中にたくさん含まれている。

3　抗酸化作用があるので、体の細胞を守ることができる。

4　緑黄色野菜の中にある物質で、体を傷つけることがある。

問題6　つぎの文章を読んで、質問に答えなさい。答えは、1・2・3・4から最もよいもの
　　　　を一つえらびなさい。

　家に置いてあった砂糖が固まってしまったことがよくあるだろう。
　①砂糖が固まってしまうのは、水分が砂糖に移ってしまうことが原因である。砂糖の
袋で通気性のあるものは、中に湿気を通してしまうのだ。砂糖が湿気の水分を吸収する
と、表面が蜜状になり、乾燥したときにしっかりと固まってしまうのである。
　②砂糖をさらさら(注1)に維持するコツは湿度を一定に保つことだ。袋のままだと湿気
が移ってしまうのでプラスチックの容器などで密封して保存するとよい。
　③すでに固まってしまった場合は、昔からの方法で、霧吹きする(注2)というのがある。
乾燥して固まった砂糖に再び水分を与えてやることで固まりが解け、さらさらになる。
　他にも砂糖を入れた容器と食パンをいっしょにして5〜6時間放置するというやり方もある。食
パンは水分を多く含んでいるので、水気が砂糖に移り、さらさらになるというわけだ。
　しかし、上の方法では砂糖は長期保存が基本なので、さらさらを維持できるからと
いって、湿度の高い場所での保存も衛生上よくない。
　④固まった砂糖をさらさらにするのに、電子レンジを使う方法もある。砂糖を2、3分
レンジにかければさらさらになる。これは砂糖同士をくっつけていた微量な水分まで飛
ばしてしまうからである。ただしレンジの時間が長すぎるとすぐに砂糖が溶けてしまう
ので窓からチェックするなどして確認したほうがいい。
(注1)さらさら：湿り気のない状態
(注2)霧吹きする：液体を霧状に吹きかける

[34]　①「砂糖が固まってしまう」とあるが、その原因として正しいのはどれか。
　　　1　砂糖の袋に通気性がないから
　　　2　湿気が中に入ってしまうから
　　　3　砂糖が空気中に置いてあるから
　　　4　周りの環境が乾燥しているから

[35]　②「砂糖をさらさらに維持するコツは湿度を一定に保つことだ」とあるが、その説
　　　明と合っているものはどれか。
　　　1　砂糖をさらさらに維持するには、砂糖の袋を湿度の高いところに置くといい。
　　　2　砂糖をさらさらに維持するには、砂糖の袋を乾燥したところに置くといい。
　　　3　砂糖をさらさらに維持するには、砂糖を湿気が入りやすいところに置くといい。
　　　4　砂糖をさらさらに維持するには、砂糖を適切な湿度の場所に置くといい。

[36]　③「すでに固まってしまった場合」とあるが、その対策として、正しいのはど

れか。

1 砂糖の固まりに水を注いで、液体で保存すること

2 食パンを使って、砂糖の湿気を吸収すること

3 砂糖が入っている容器のふたを開けること

4 固まった砂糖に水分をかけること

37 ④「固まった砂糖をさらさらにするのに、電子レンジを使う方法もある」とあるが、その内容と合っているものはどれか。

1 レンジをかける時間を把握しなければならない。

2 砂糖の栄養分が壊されてしまうという欠点がある。

3 レンジをかける間に水滴が飛んでくるかもしれない。

4 時間が長すぎると、砂糖が溶けて、糖分が減少する恐れがある。

問題7 つぎのページは、市民スポーツ課のポスターである。これを読んで、下の質問に答えなさい。答えは、1・2・3・4から最もよいものを一つえらびなさい。

38 スポーツが得意な李さんはいくつかの種目に参加したいと思っている。彼は500m以下の競走が得意で、そして、走り幅跳びにもぜひ参加したいと思っている。李さんにとって一番よい種目リストはどれか。

1 100m競走、400m競走、走り幅跳び

2 200m競走、400m競走、走り幅跳び

3 100m競走、200m競走、走り幅跳び

4 走り高跳び、200m競走、走り幅跳び

39 今回の大会の内容に合っているものはどれか。

1 奈良市に住んでいる人しか参加できない。

2 参加者はスポーツ保険に加入しなければならない。

3 上位3位の人は全国大会に出場できる。

4 競技大会は市民体育館内で行われる。

奈良市民陸上競技大会参加者募集

●奈良市民陸上競技大会を下記の要領で開催いたします。

●各種目上位3位までは、県大会への出場権利を得られます。

●参加資格は、奈良市内在住または、市内在勤の方です。

●種目は下記の通りです。

　一人、3種目まで参加できます。

　また、同じ時間帯の競技は一つしか参加できません。

●参加費は無料ですが、参加者はスポーツ保険への加入が必要です。（300円）

記

日　　時：10月12日（日）午前9:00開会
場　　所：市民グラウンド
競技種目：

時間帯	午前10：00〜12：00	午後2：00〜4：00	午後4：00〜5：00
トラック競技	100m競走	200m競走	400m競走
	800m競走	1,000m競走	3,000m競走
フィールド競技	走り高跳び	走り幅跳び	棒高跳び
	円盤投げ	やり投げ	砲丸投げ

お問い合わせは、市民スポーツ課陸上競技大会運営係（市民体育館内）
電話番号：　03－0092－6756
担当者：　石原信二

模擬テスト

<ruby>第<rt>だい</rt></ruby> 2 <ruby>回<rt>かい</rt></ruby>

<ruby>聴解<rt>ちょうかい</rt></ruby>

（40ぷん）

問題1

　問題1では、まず質問を聞いてください。それから話を聞いて、問題用紙の1から4の中から、最もよいものを一つえらんでください。

1ばん

1　お好み焼き　　　　　　　　2　シュークリーム

3　焼きギョーザ　　　　　　　4　カレー

2ばん

1　上海に出張する

2　新人研修に出る

3　山田さんに上海に出張するよう伝える

4　山田さんに新人研修に出るよう伝える

3ばん

1　今見ている店で食事をする

2　料理を注文して持ち帰る

3　ほかの店に行ってみる

4　外食しないで、そのまま帰る

4ばん

1　いろいろとアルバイトをしながら自分に向いている仕事を探す

2　一生アルバイトをする

3　進学をやめて、就職活動をする

4　大学入試のため、塾に入って勉強する

5ばん

1　床を拭く　　　　　　　　　2　塩を飾る

3　庭に水を撒く　　　　　　　4　新聞紙で埃を取り除く

6ばん

1　ジャガイモを切る　　　　　2　冷蔵庫から魚を出す

3　フライパンに油を引く　　　4　醤油を買ってくる

問題 2

　問題2では、まず質問を聞いてください。そのあと、問題用紙を見てください。読む時間があります。それから話を聞いて、問題用紙の1から4の中から、最もよいものを一つえらんでください。

1ばん

1　窓を開けっ放しにしたので、雨水が入ってきたから
2　洗濯機が壊れて、水が漏れたから
3　盆栽から、水があふれ出たから
4　水槽が壊れて、水が漏れたから

2ばん

1　やりがいがないから　　　　　2　給料が低いから

3　ざんぎょうが多いから　　　　4　大学院に入りたいから

3ばん

1　ビルが倒れたのに、けが人がなかったこと
2　ビルが倒れているのに、ニュースになっていないこと
3　秀夫さんのお母さんが「ビール」を「ビル」に聞き間違えたこと
4　秀夫さんのお母さんが真剣な顔をしていたこと

4ばん

1　むすこがやりたいと言ったから
2　友だちができると思ったから
3　体力をつけさせたかったから
4　自立するようになると聞いたから

5ばん

1　従業員の言い方がよくなかったから
2　太って見えたから
3　大きいサイズがなかったから
4　色合いが気に入らなかったから

6ばん

1　いじめに遭ったから
2　体の具合がよくないから
3　転校で、友だちに会えなくなるから
4　友だちが転校することになったから

問題3

問題3では、問題用紙に何もいんさつされていません。この問題は、ぜんたいとしてどんなないようかを聞く問題です。話の前に質問はありません。まず話を聞いてください。それから、質問とせんたくしを聞いて、1から4の中から、最もよいものを一つえらんでください。

―メモ―

問題4

問題4では、えを見ながら質問を聞いてください。やじるし（➡）の人は何と言いますか。1から3の中から、最もよいものを一つえらんでください。

1ばん

2ばん

3ばん

4ばん

問題5

問題5では、問題用紙に何もいんさつされていません。まず文を聞いてください。それから、そのへんじを聞いて、1から3の中から、最もよいものを一つえらんでください。

―メモ―

模擬テスト

<ruby>第<rt>だい</rt></ruby> 3 <ruby>回<rt>かい</rt></ruby>

げんごちしき（もじ・ごい）

（30ぷん）

問題1 _____のことばの読み方として最もよいものを、1・2・3・4から一つえらびなさい。

1 彼女は英語の<u>発音</u>がきれいだ。
　　1 はつね　　　　2 はつおと　　　3 はついん　　　4 はつおん

2 いつも<u>心配</u>をかけて、すみません。
　　1 しんばい　　　2 しんぱい　　　3 しんはい　　　4 ここはい

3 このあたりは交通が<u>不便</u>だ。
　　1 ふびん　　　　2 ふへん　　　　3 ふべん　　　　4 ふぺん

4 海に<u>沈む</u>夕日はすばらしい。
　　1 すすむ　　　　2 たたむ　　　　3 しずむ　　　　4 たのむ

5 昨日の午後は家を<u>留守</u>にしていた。
　　1 りゅうしゅ　　2 るしゅ　　　　3 りゅうもり　　4 るす

6 汚い手で<u>触る</u>な。
　　1 ふれる　　　　2 さわる　　　　3 しょくる　　　4 そくる

7 高校時代が<u>懐かしく</u>思い出される。
　　1 はずかしく　　2 こまかく　　　3 あたたかく　　4 なつかしく

8 田中さんに<u>恋人</u>ができたそうだ。
　　1 れんじん　　　2 れんにん　　　3 こいにん　　　4 こいびと

問題2 _____のことばを漢字で書くとき、最もよいものを、1・2・3・4から一つえらびなさい。

9 私は運動神経が<u>にぶい</u>。
　　1 硬い　　　　　2 速い　　　　　3 鈍い　　　　　4 遅い

10 今日は<u>ぜいたく</u>な食事をした。
　　1 勢択　　　　　2 税宅　　　　　3 贅拓　　　　　4 贅沢

11 彼女は台所で<u>おさら</u>を洗っている。
　　1 盤　　　　　　2 皿　　　　　　3 番　　　　　　4 碗

| 12 | スキーをして、足の骨を<u>おった</u>。 |

1 負った　　　　2 断った　　　　3 折った　　　　4 壊った

| 13 | 私はよく<u>きんじょ</u>の公園を散歩する。 |

1 近郊　　　　2 近隣　　　　3 近所　　　　4 近辺

| 14 | 母はスポーツに<u>きょうみ</u>がない。 |

1 趣味　　　　2 関心　　　　3 興味　　　　4 興趣

問題3 （　　　　）に入れるのに最もよいものを、1・2・3・4から一つえらびなさい。

| 15 | 今日は（　　　　）春のような天気だ。 |

1 まさか　　　　2 つねに　　　　3 まるで　　　　4 ついに

| 16 | 思いどおりに行かなくて、（　　　　）している。 |

1 いきいき　　　2 いよいよ　　　3 いらいら　　　4 いろいろ

| 17 | （　　　　）新宿だ。人でいっぱいだ。 |

1 さすが　　　　2 いかが　　　　3 かえって　　　　4 たしか

| 18 | 昨日のパーティーには（　　　　）人たちが集まった。 |

1 すずしい　　　2 たのしい　　　3 うれしい　　　4 したしい

| 19 | スポーツカーが猛（　　　　）で走ってきた。 |

1 スピード　　　2 エンジン　　　3 サービス　　　4 ガソリン

| 20 | 大学受験が（　　　　）につれ、ますます不安になってきた。 |

1 近づける　　　2 近づく　　　3 向ける　　　4 信じる

| 21 | 新しい月になったので、カレンダーを（　　　　）。 |

1 めくった　　　2 とじた　　　3 やぶった　　　4 たてた

| 22 | これからさらに売り上げが（　　　　）と予想される。 |

1 ふかまる　　　2 まがる　　　3 のびる　　　4 よわまる

| 23 | 健康（　　　　）のため、会社を休んだ。 |

1 診断　　　　2 診察　　　　3 判断　　　　4 検査

| 24 | 兄は（　　　　）のＴシャツを着ている。 |

1 無理　　　　2 生地　　　　3 無地　　　　4 生意気

25 宝くじが当たって、（　　　　）の気分だ。

  1　好調　　　　　　2　最高　　　　　　3　非常　　　　　　4　夢中

問題4　　＿＿＿＿＿＿に意味が最も近いものを、1・2・3・4から一つえらびなさい。

26 3月に入って、天気はだんだん暖かくなってきた。

  1　どんどん　　　　2　しだいに　　　　3　いろいろ　　　　4　ゆっくり

27 試合に負けて、くやしい思いをした。

  1　苦手だった　　　2　残念だった　　　3　平気だった　　　4　不満だった

28 どうぞ、おかけになってください。

  1　すわって　　　　2　たべて　　　　　3　はいって　　　　4　おりて

29 昨日、引き出しの中を整理した。

  1　かたづけた　　　2　せんたくした　　3　みがいた　　　　4　ならべた

30 明日は日程がぎっしりつまっている。

  1　シリーズ　　　　　　　　　　　　　2　キャンセル

  3　コンサート　　　　　　　　　　　　4　スケジュール

問題5　つぎのことばの使い方として最もよいものを、1・2・3・4から一つえらびなさい。

31 教わる

  1　新入社員にビジネスのマナーを教わる。

  2　水泳は田中先生に教わった。

  3　彼女は一人で4人の子どもを教わる。

  4　彼は五歳まででアメリカで教わった。

32 だるい

  1　今の若者は選挙に対する関心がだるいらしい。

  2　最近、体重が減って、ズボンがだるくなった。

  3　試験が全部終わったら少しだるくしたい。

  4　ゆうべ寝不足で今日は体がだるい。

33 足す

  1　味がうすいので、塩を足した。

2　パソコンに足したマウスが動かない。

3　新しい本にカバーを足した。

4　費用は20万円あれば足す。

34　くせ

1　花粉症になると、咳が出たり、鼻がつまるというくせが出る。

2　日本では年の暮れに贈り物をするくせがある。

3　この傷は、半年前に手術をしたくせだ。

4　夜中に起きて水を飲むのがくせになってしまった。

35　ばったり

1　帰宅途中で、大学時代の友人にばったり出会った。

2　ホテルのベランダから富士山がばったり見える。

3　まず基礎をばったり身につけることが大切だ。

4　ゆうべはばったり寝たので疲れがとれた。

模擬テスト

かい
第 3 回

言語知識（文法）・読解

（70ぷん）

問題1　つぎの文の（　　　　）に入れるのに最もよいものを、1・2・3・4から一つえらびなさい。

1 冬休みは、ふるさとで高校時代の友だちと楽しい1か月（　　　　）過ごした。

　　1　で　　　　　　　2　に　　　　　　　3　を　　　　　　　4　が

2 あの人は授業中にうとうとしている（　　　　）、ゆうべ遅くまで起きていたと思われる。

　　1　ためには　　　　2　とともに　　　　3　おかげで　　　　4　ことから

3 成功できるか（　　　　）は、本人の努力によるものだ。

　　1　こうか　　　　　2　そうか　　　　　3　どんな　　　　　4　どうか

4 「来週の運動会のことですが、体調不良などで欠席する場合は、（　　　　）先生に連絡してください。」

　　1　必ず　　　　　　2　少しも　　　　　3　やっと　　　　　4　どんどん

5 A「ねえ、あの人、会社の社長ですよ。」

　　B「えっ?ぜんぜん（　　　　）見えませんね。」

　　1　こう　　　　　　2　そう　　　　　　3　ああ　　　　　　4　どう

6 鈴木選手は、試合前は腹痛を起こす（　　　　）緊張したそうだ。

　　1　ごろ　　　　　　2　つもり　　　　　3　ように　　　　　4　くらい

7 井口さんは、入社したばかりの頃（　　　　）、ずいぶん成長してきた。

　　1　によって　　　　2　に比べて　　　　3　にとって　　　　4　に従って

8 子どもの頃、よく祖母に「男（　　　　）男になりなさい」と言われた。

　　1　ような　　　　　2　そうな　　　　　3　らしい　　　　　4　みたいな

9 この八百屋の野菜は、毎朝直接農園から（　　　　）ので、とても新鮮で人気がある。

　　1　運んでいる　　　2　運んでいく　　　3　運ばれてくる　　4　運ばれてある

10 A「山頂まであと2時間もありますけど、大丈夫ですか。」

　　B「ええ、いくら歩い（　　　　）平気ですよ。」

　　1　ては　　　　　　2　ても　　　　　　3　でも　　　　　　4　たら

11 合格できる(　　　　　)、一生懸命に勉強しようと思っています。

1　ように　　　　　2　すえに　　　　　3　うえに　　　　　4　なんて

12 この町では、ごみを回収日の当日午前8時までに(　　　　　)ので、ご注意くだ
さい。

1　出さなくてもいい　　　　　　　　2　出さなくてはいけない

3　出すわけにはいかない　　　　　　4　出すはずがない

13 資料はこちらでご用意(　　　　　)。ご安心ください。

1　いたします　　　　　　　　　　　2　されます

3　ございます　　　　　　　　　　　4　なさいます

問題2　つぎの文の　＿＿★＿＿　に入る最もよいものを、1・2・3・4から一つえらびなさい。

- -

(問題例)

つくえの　＿＿＿＿＿　＿＿＿＿＿　＿★＿＿　＿＿＿＿＿　あります。

1　が　　　　　　2　に　　　　　　3　上　　　　　　4　ペン

(解答のしかた)

1. 正しい答えはこうなります。

つくえの ＿＿＿＿ ＿＿＿＿ ＿★＿ ＿＿＿＿ あります。
3上　　　2に　　　4ペン　　　1が

2. ＿＿★＿＿　に入る番号を解答用紙にマークします。

(解答用紙)　| (例)　① ② ③ ● |

- -

14 A「最近王さんからは何の連絡もないね。もしかしたら国に帰った?」

B「いや、きのうスーパーで彼が　＿＿＿＿＿　＿＿＿＿＿　＿★＿＿　＿＿＿＿＿　を
見ましたよ。」

1　している　　　2　一人で　　　3　の　　　　　4　買い物を

15 A「卒業後、進学するか就職するか迷っています。」

B「学校の先輩に　＿＿＿＿＿　＿＿＿＿＿　＿★＿＿　＿＿＿＿＿　ですか。」

1　みたら　　　　2　でも　　　　3　どう　　　　4　相談して

16 最近仕事量（しごとりょう）が多くて、ほとんど ＿＿＿＿＿ ＿＿＿＿＿ ★ ＿＿＿＿＿ を
　　している。

　　1　仕事　　　　　　2　深夜　　　　　　3　まで　　　　　　4　毎日

17 目薬（めぐすり）の使用方法や保存（ほぞん）方法を間違えると、得られる ＿＿＿＿＿ ＿＿＿＿＿
　　＿★＿ ＿＿＿＿＿、副作用（ふくさよう）が現れてしまうこともある。

　　1　はずの　　　　　2　得られない　　　3　だけでなく　　　4　効果が

18 先日（せんじつ）＿＿＿＿＿ ＿＿＿＿＿ ★ ＿＿＿＿＿ 修理に出した。

　　1　ばかりの　　　　2　故障して　　　　3　パソコンが　　　4　買った

問題3　つぎの文章（ぶんしょう）を読んで、文章全体（ぶんしょうぜんたい）の内容（ないよう）を考えて、　19　から　23　の中に
　　　　入る最もよいものを、1・2・3・4から一つえらびなさい。

以下は留学生（りゅうがくせい）の作文です。

レストランの経営

ファム　ミン

　私は東京の大学で経営学を勉強しています。東京には飲食店（いんしょくてん）がたくさんあって、ど
この国の料理も食べられます。街を　19　、店の前にたくさんの人が並んでいるの
をよく見ます。私が住んでいる部屋の近くにも、人気のあるレストランがあります。
メニューが豊富（ほうふ）でおいしくて、私もよく行きます。

　しかし、最近コロナ禍（か）で外食が減って、レストランの経営が大変になった　20　で
す。売上げを伸ばすために、昼には「ランチタイムサービス」として、ご飯やおかずの
量を多くして、値段も安くしました。でも、効果があまり現れませんでした。

　経営学のある本には、「女性が集まれば、男性も集まる」と書いてあります。それな
ら、まず女性を集める方法を考えなければならないと思います。安さと量だけを宣伝（せんでん）
しても、女性客は　21　。物の値段だけではなく、質の高さも気にするからです。

　女性客に人気のあるレストランでは、客が見るもの、聞くもの、使うもの、触れる
もの、食べるものすべてを女性が楽しめるように考えているというのです。
　22　、売上げを伸ばすためには、女性が喜んでくれる商品を作り、サービスを工
夫していくことが、　23　ようです。

19

| 1 歩いていっても | 2 歩いていると |
| 3 歩くのは | 4 歩いたことが |

20

1 らしい　　　2 もの　　　3 から　　　4 ほど

21

1 だんだん利用するようになるでしょう

2 たぶん利用するようになるでしょう

3 全然利用してくれないでしょう

4 なかなか利用してくれないでしょう

22

1 しかし　　　2 すると　　　3 このように　　4 それから

23

| 1 求めさせられている | 2 求められている |
| 3 求めようとしているのです | 4 求めている |

問題4　つぎの(1)から(4)の文章を読んで、質問に答えなさい。答えは、1・2・3・4から
最もよいものを一つえらびなさい。

（1）

　これは、ある会社が木村さんに書いたメールである。

平成22年4月15日

木村佳子様

三陽産業株式会社

人事部

拝啓　時下ますますご清祥のこととお喜び申し上げます。

　このたびは、当社の社員募集にご応募いただき、ありがとうございました。

　さて、厳正な審査の結果、採用内定と決まりましたので、お知らせ申し上げます。

　なお、入社までにタイムスケジュールに従って、同封いたしました書類にご記入の上、ご返送をお願いいたします。

　まずは採用内定のご通知まで。

敬具

24 この手紙の内容について、正しいのはどれか。

1 木村さんは、これから応募の資料を「三陽産業株式会社」に送る。

2 木村さんは、これから採用決定の通知を「三陽産業株式会社」に送る。

3 木村さんは、これから入社に必要な書類を「三陽産業株式会社」に送る。

4 木村さんは、これからタイムスケジュールの資料を「三陽産業株式会社」に
送る。

（2）

　私が学生時代に交際していた相手は、タバコ好きな人だった。

　私はタバコが嫌いだったが、それを伝えないことが相手への思いやりだと思っていた。そして、一緒にいるときにはいつもタバコの煙を吸い込み、嫌な気分になり、健康への害も不安に思いながら、それでも耐えることが相手への愛情なのだと思い込んでいた。当然、そんな関係は長続きしなかった。

25 「そんな関係は長続きしなかった」とあるが、筆者はその原因がどこにあると考えているのか。

1 相手が筆者の気持ちを無視して、タバコを吸い続けていたから

2 筆者はその人と付き合っていくと、健康によくないと心配したから

3 筆者はその人と一緒にいると嫌な気分になるから

4 筆者はタバコが嫌いだということを素直に相手に言えなかったから

（3）

　これは上田さんが石川ゼミのみんなに送ったメールである。

石川ゼミのみなさん

お疲れさまです。
みなさんもご存知のように、ファム先輩が来月卒業して帰国することになりました。
そこで、卒業式でファム先輩に花束と記念品を差し上げたいと思いますが、いかがでしょうか。
ファム先輩のお好きな物など、ご存知の方がいらっしゃいましたら、アドバイスをお願いします。

今週末に小松さんとプレゼントを買いに行く予定なので、この案に賛成の方は、金曜日までにご返信ください。代金などについては、またあとでご連絡いたします。
よろしくお願いします。

上田

26 「この案」について、合っているのはどれか。
1 卒業式の日に、ファム先輩の送別会を開く。
2 ファム先輩にみんなでプレゼントをあげる。
3 今週末にみんなでプレゼントを買いに行く。
4 ファム先輩にどんな物をもらいたいか聞く。

（4）

　コンビニでは売れ残ったお弁当や総菜は、廃棄処分されます。そのままゴミとして捨てられてしまうのです。しかしながら、賞味期限が切れたとたんに腐ってしまうわけではありません。捨てるのであれば、もらいたいと思う人もいます。

　しかし、これら廃棄のお弁当類は無料とはいえ、お客さんに譲ると、何かと問題になることが多く、原則としては禁止されています。何かほかの処理方法があればいいのに。

27 この文章で筆者が一番言いたいことはどれか。
1 賞味期限が切れたお弁当を食べてはいけない。
2 お弁当は賞味期限が過ぎるとすぐに腐ってしまう。
3 賞味期限の切れたお弁当類の処理方法を考えるべきだ。
4 賞味期限の切れたお弁当類は捨てるしかない。

問題5　つぎの(1)と(2)の文章を読んで、質問に答えなさい。答えは、1・2・3・4から最もよいものを一つえらびなさい。

（1）

　同じように酒を飲んでいても、すぐに顔を赤くして興奮し、ぺらぺらとしゃべり出す人と、酒に強く、どんなに飲んでも表情が変わらない人がいる。このように二つのタイプの人がいるのはなぜだろうか。

　人間の体には、ADHと呼ばれるアルコールを分解する酵素があり、この酵素は人種

によってタイプが違っている。例えば、欧米人の多くはB1タイプ、日本人の多くはB2タイプを持っている。このB2タイプはアルコールを酸化する速度が速く、そのため中間生成物質であるアセトアルデヒドの血中濃度（けっちゅうのうど）がすぐに高くなる。このために、日本人は酒を飲むとすぐ顔が赤くなり、頭痛や吐き気をもよおし（注）やすい。つまり日本人は（　　　　　　　　）のである。これは、人種的遺伝的特徴であるのだから、簡単に変えることはできない。一方、欧米人は日本人とは違うタイプの酵素を持っていて、アルコールに強いので、すぐには酔っ払わず、多量に飲んでしまいがちだ。結果としてアルコール依存症になってしまう人が日本人より多い。

（注）もよおす：ある気持ちや生理的な状態を起こさせる

28 （　　　　　　）に入れる内容として正しいのはどれか。
1　アルコールに強く、お酒を飲んだらすぐに表情が変わってしまう
2　もともとアルコールに弱く、すぐに酔ってしまう人が多い
3　体内に持っている酵素によりアルコールを酸化する速度が遅い人が多い
4　体質が原因でお酒に弱く、アルコール依存症の比率が高い

29 B1タイプとB2タイプの説明について、正しいものはどれか。
1　B1タイプの人はお酒を飲むと、すぐに顔が赤くなる。
2　B2タイプの人はB1タイプの人よりお酒に強い。
3　B1タイプの人はお酒を飲むと頭痛や吐き気をもよおしやすい。
4　B2タイプの人はアルコールを分解するスピードが速い。

30 文章の内容と合っているものはどれか。
1　欧米人は気候などの原因で、生まれながら酒に強い人が多い。
2　日本人は家族の遺伝的な原因でお酒に弱い人が多い。
3　お酒に弱い人ほどアルコール依存症になりやすい。
4　酒に強い人ほど飲む時表情が変わらない。

（2）

　今年の留学生のスピーチコンテストでのことです。同じような発表が続いて少々うんざりしかけたとき、「日本に来てはじめて、桜の美しさが分かりました」という張さんの言葉に①「おや」と思いました。「もちろん、テレビや写真で桜を見たことはありましたが、この花がどうしてそんなにも日本人の心を捕らえるのかが、私には分かりませんでした」私はいつの間にか、張さんの話に真剣に耳を傾けていました。「これまで私がテレビや写真で見て知っていた桜は動かない桜でした。美しく咲いてすぐに散ってしまう桜を、私は知りませんでした。花の美しさはもちろん、その命の短さが人の心を捕らえる

のだということが、自分の目で桜を見て初めて分かりました」②張さんの話を聞いて、大好きだった中学時代の③国語の先生の話を思い出しました。

「立場を変えて、見方を変えて、考えてみなさい。いつも見ている物が、それまでとは全然違う形に見えることもあるんです」というその時のメッセージは、今でも鮮明に覚えています。

31 ①「『おや』と思いました」とあるが、この言葉に筆者のどんな気持ちが込められているのか。

1 不思議なスピーチを聞いて、驚いた気持ち

2 自分が大好きな桜に関するスピーチなので、うれしい気持ち

3 前のスピーチと角度や内容の違う話に引き付けられた気持ち

4 留学生にも日本独特の美しさを分かってもらって、感動した気持ち

32 ②「張さんの話」によれば、桜が人々を魅了するのはなぜか。

1 花見の季節に、満開の桜が空を舞う姿はとても魅力的であるから

2 桜は咲いてすぐ散ってしまうところが人々の心を捕らえるから

3 他国にはない美しい風景を身をもって鑑賞できるから

4 命の短い桜が咲く瞬間をカメラで記録できるから

33 ②「張さんの話」と③「国語の先生の話」の共通点はどこにあるのか。

1 立場を変えると、同じことでも違うように見えてくる。

2 物事の美しさは自分の目で確かめないと分からない。

3 見慣れているものでも、離れてみると、違うように見えてくる。

4 動いているものは静かなものより魅力的だ。

問題6 つぎの文章を読んで、質問に答えなさい。答えは、1・2・3・4から最もよいものを一つえらびなさい。

①小さな子どもを連れていると、なかなか外食も、思う通りになりません。外食にしろ、交通機関にしろ、宿泊施設にしろ、もうちょっと子連れが利用しやすい空間を作ったらいいのに。

まあ、そういうビジネス施設を作る側は、会社でバリバリ働く男性で、必然的に、子育ても、そして老いや障害も経験していない人ですから、②なかなか当事者の気持ちになることは難しいのでしょうが。

先日、久しぶりにいい店を見つけました。その店の何が違うといっても、劇的に違う何かがあるわけじゃないんです。③一つ一つの違いは、細かいことです。

例えば、子ども連れが座りやすいように、椅子席じゃなくて、ソファー席が多くなっているとか。

例えば、メニューが「本」みたいになっているのではなく、見開きで立てられる形になっているので、子どもを抱きながらでもメニューを選べるとか。

例えば、注文した品を、何回かに分けて持ってくるのではなく、一度に持ってきてくれるとか。

例えば、席ごとの仕切り(注)がうまい感じになっていて、なんとなく個室感があるとか。

例えば、その仕切りに多少の防音効果があり、子どもが騒いでもあまり気にならないとか。

例えば、単純にスタッフさんの態度がいい感じとか。

細かいことなんですけれどね。その細やかな違いが積み重なって、大きな違いになっています。

(注)仕切り：用途に応じて、分けること

34　①「小さな子どもを連れていると、なかなか外食も、思う通りになりません」とあるが、それはどうしてか。

1　小さな子ども向けのレストランが少ないから

2　外食は小さな子どもの健康にはよくないから

3　子どもと一緒に利用できる便利な施設が少ないから

4　子どもが好きな店がなかなか見つからないから

35　②「なかなか当事者の気持ちになることは難しいのでしょうが」とあるが、その意味として正しいのはどれか。

1　ビジネス施設を作るのは大人だから、子どもの気持ちがわからない。

2　ビジネス施設を作る側は子育ての経験がないから、母親の気持ちがわからない。

3　ビジネス施設を作る人は、一部の人の需要しか考えていなかった。

4　ビジネス施設を作る側は施設を利用する人の気持ちがわからない。

36　その店の③「一つ一つの違い」を挙げたが、その違いとして、文章の中で言っていないことはどれか。

1　メニューが見やすくなっていること

2　注文したものをまとめて運んでくれること

3　仕切りに防音効果があること

4　子どもの専用席が付いていること

37 本文の内容と合っているものはどれか。

1 小さな子どもを連れて外に出ると不便だから、筆者はあまり外食しない。

2 筆者はビジネス施設を作る人の無責任さに不満だ。

3 筆者は子連れの外食にふさわしい店を見つけた。

4 筆者が紹介した店は細かいところを工夫しているから人気がある。

問題7 つぎのページは、料理のレシピである。これを読んで、下の質問に答えなさい。答えは、1・2・3・4から最もよいものを一つえらびなさい。

38 ハンバーグを作る前に、準備する材料として、正しくないのはどれか。

1 牛豚合挽肉、たまご、タマネギ、バター

2 食パン、トマト、タマネギ、サラダ油

3 ミルク、ナツメグ、食パン、コショウ

4 塩、たまご、ナツメグ、サラダ油

39 料理の手順についての説明として正しいのはどれか。

1 タマネギを炒めた後で、バターをつける。

2 食パンを牛乳に浸してからタマネギといっしょに炒める。

3 タネの形を整えてからフライパンに入れて焼く。

4 中を焦がさないように弱火で片面だけを焼く。

お 料 理 レ シ ピ

♪ ハンバーグ ♪

◎ 材 料

牛豚合挽肉	・・・・・・・・・・	３５０ｇ
タマネギ	・・・・・・・・・・・・・	１個
食 パ ン	・・・・・・・・・・・・・	１枚
牛 乳	・・・・・・・・・・	大さじ２
た ま ご	・・・・・・・・・・	１／２個
塩	・・・・・・・・・・・・・・・	少々
コショウ	・・・・・・・・・・・・・	少々
ナツメグ	・・・・・・・・・・・・・	少々
サラダ油	・・・・・・・・・・・・・	少々
バ タ ー	・・・・・・・・・・・・・	少々

★ 料理手順 ★

1. フライパンにバターを溶かし、みじん切りしたタマネギをきつね色になるまでよく炒める。
2. 食パンの耳を取り、牛乳に浸す。
3. ボウルに挽肉、炒めたタマネギ、食パンを入れて混ぜ合わせ、塩、コショウ、ナツメグを加えてさらに練り混ぜる。
4. 手にサラダ油をつけ、タネ(注)を４等分にして丸め、両手で交互に打ちつけて空気を抜きながら形を整える。(中央をややくぼませること)
5. フライパンでサラダ油を熱し、ハンバーグを片面に焼き色がつくまで焼いたら裏返して蓋をして焦がさないように弱火で蒸し焼きにする。
6. 中まで火が通ったらお皿に盛りつける。

(注)タネ：物を作るもと、原料

模擬テスト

第 3 回

だい かい

聴解

（40ぷん）

問題1
　問題1では、まず質問を聞いてください。それから話を聞いて、問題用紙の1から4の中から、最もよいものを一つえらんでください。

1ばん
1　美容院に予約の電話を入れる
2　家に寄って着替える
3　美容院に行く
4　映画館に行く

2ばん
1　女の学生と一緒にサークルに行く
2　図書館に行ってレポートを書く
3　アルバイトに行く
4　借りた本を返す

3ばん
1　店にボタンが落ちているかどうか捜してみる
2　ボタンを捜しに、工場に行く
3　工場に電話して、ボタンを捜してもらう
4　スーツを工場に送る

4ばん
1　バスで行く
2　タクシーで行く
3　歩いて行く
4　自転車で行く

5ばん
1　頼まれた資料を作成する
2　課長に資料の内容を確認してもらう
3　資料をコピーする
4　資料を会議室にもって行く

6ばん
1　指導教官のところに行って、サインをもらってくる
2　保証人のところに行って、サインをもらってくる
3　病院に行って、健康診断書を取ってくる

4 学生課に行って、成績証明書を取ってくる

問題2
　問題2では、まず質問を聞いてください。そのあと、問題用紙を見てください。読む時間があります。それから話を聞いて、問題用紙の1から4の中から、最もよいものを一つえらんでください。

1ばん
1 たてものが美しいところ
2 珍しいてんじひんがあるところ
3 子どもがとうげい体験ができるところ
4 かいせつが細かいところ

2ばん
1 儲けがいいから
2 正義のため
3 先生に憧れていたから
4 今の仕事が好きだったから

3ばん
1 友だちが来たから
2 遅くまで飲んでいたから
3 入院していたから
4 転んでけがをしたから

4ばん
1 一人のための料理は味気ないから
2 料理を作るのが嫌だから
3 後片付けが嫌だから
4 料理を作るのが下手だから

5ばん
1 引っ越してきた挨拶に
2 感謝の気持ちを伝えるため
3 別れの挨拶に
4 引っ越しで迷惑をかけることになり、謝るため

6ばん

1 アルバイトにちこくしたから

2 日本語がよくわからなかったから

3 休みが多かったから

4 お釣りをまちがえたから

問題3

　問題3では、問題用紙に何もいんさつされていません。この問題は、ぜんたいとしてどんなないようかを聞く問題です。話の前に質問はありません。まず話を聞いてください。それから、質問とせんたくしを聞いて、1から4の中から、最もよいものを一つえらんでください。

―メモ―

問題4

　問題4では、えを見ながら質問を聞いてください。やじるし（➡）の人は何と言いますか。1から3の中から、最もよいものを一つえらんでください。

1ばん

2ばん

3ばん

4ばん

問題 5

　問題5では、問題用紙に何もいんさつされていません。まず文を聞いてください。それから、そのへんじを聞いて、1から3の中から、最もよいものを一つえらんでください。

―メモ―

模擬テスト

げんごちしき（もじ・ごい）

（30ぷん）

問題1 _____のことばの読み方として最もよいものを、1・2・3・4から一つえらびなさい。

1 母は台所で夕食を作っている。
1 たいどころ　　2 だいしょ　　3 だいところ　　4 だいどころ

2 手が滑って、お皿を割ってしまった。
1 すわって　　2 うつって　　3 とおって　　4 すべって

3 祖父は毎朝軽い運動をするのを日課としている。
1 にちか　　2 にっか　　3 にか　　4 にかい

4 友だちを誘って、旅行に行った。
1 そろって　　2 つかって　　3 さそって　　4 はらって

5 最近気温の変化が激しい。
1 まずしい　　2 あやしい　　3 はげしい　　4 けわしい

6 勝手な行動は人に迷惑をかけることになる。
1 かつて　　2 かて　　3 かって　　4 かっしゅ

7 彼の一言が私たちに勇気を与えてくれた。
1 ゆうけ　　2 ゆうき　　3 ゆけ　　4 ゆき

8 この島の住人は少ない。
1 とう　　2 じま　　3 しま　　4 どう

問題2 _____のことばを漢字で書くとき、最もよいものを、1・2・3・4から一つえらびなさい。

9 ハワイしゅっしんの彼は今日本で大活躍している。
1 主身　　2 出身　　3 出生　　4 主心

10 予定がきまったら、連絡します。
1 極まった　　2 定まった　　3 決まった　　4 期まった

11 彼女はいつもじみな格好をしている。
1 地見　　2 自身　　3 滋味　　4 地味

12 小さい頃、よくおとうととけんかをしたものだ。

1 兄　　　　　　2 姉　　　　　　3 妹　　　　　　4 弟

13 原宿 は若者があつまる町だ。

1 招まる　　　　2 組まる　　　　3 集まる　　　　4 増まる

14 大学の授業料を指定のこうざに振り込んだ。

1 口座　　　　　2 講座　　　　　3 功座　　　　　4 効座

問題3 （　　　　　　）に入れるのに最もよいものを、1・2・3・4から一つえらびなさい。

15 このことを(　　　　　)覚えておきなさい。

1 ぐっすり　　　2 しっかり　　　3 すっきり　　　4 やっぱり

16 私がホームに着いた時には、新幹線は(　　　　　)出発していた。

1 すでに　　　　2 たまに　　　　3 さきに　　　　4 きゅうに

17 一人っ子の私は兄弟の多い人が(　　　　　)。

1 あわだだしい　　　　　　　　2 おとなしい
3 うらやましい　　　　　　　　4 だらしない

18 テレビの番組が変わったが、(　　　　　)味は何もない。

1 新鮮　　　　　2 安心　　　　　3 感心　　　　　4 関心

19 人身事故のため、列車の(　　　　　)が大幅に乱れた。

1 タオル　　　　2 タイヤ　　　　3 ダイヤ　　　　4 ダンス

20 一年間の留学生活で貴重な経験を(　　　　　)ことができた。

1 すむ　　　　　2 つむ　　　　　3 のむ　　　　　4 やむ

21 ランチメニューは日によって(　　　　　)。

1 つたわる　　　2 くらべる　　　3 かくれる　　　4 ことなる

22 今度の費用は全員が(　　　　　)することになった。

1 負担　　　　　2 責任　　　　　3 義務　　　　　4 担当

23 活気に(　　　　　)万博会場の様子を世界に伝える。

1 流れる　　　　2 溢れる　　　　3 超える　　　　4 込める

24 自分の体験から学んだ人生の（　　　　　　）を子どもに教える。

　　1　知恵　　　　　　2　能力　　　　　　3　知識　　　　　　4　価値

25 早く運転（　　　　　）を取ってドライブに行きたい。

　　1　特許　　　　　　2　免許　　　　　　3　許可　　　　　　4　認可

問題4　＿＿＿＿＿に意味が最も近いものを、1・2・3・4から一つえらびなさい。

26 このごろ私は食べることが大好きになってきた。

　　1　先日　　　　　2　当日　　　　　3　その頃　　　　　4　最近

27 彼が言っていることはただしい。

　　1　たしかだ　　　2　うそだ　　　3　てきとうだ　　4　でたらめだ

28 学生たちは真剣に試験に臨んでいる。

　　1　じっさいに　　2　いがいに　　3　まじめに　　　4　げんきに

29 駅で他の人と肩が当たってしまった。

　　1　たしかめて　　2　ぶつかって　　3　つながって　　4　まちがえて

30 メールで採用・不採用を通知する企業が増えてきた。

　　1　しらせる　　　2　まかせる　　3　あわせる　　　4　きかせる

問題5　つぎのことばの使い方として最もよいものを、1・2・3・4から一つえらびなさい。

31 出会う

　　1　詳しいことは出会ってから話しましょう。

　　2　彼とは長年仕事で出会っている。

　　3　旅先でいろんな人に出会うことができた。

　　4　ホテルのロビーで客に出会う約束をした。

32 渋滞

　　1　三連休の初日で高速道路は渋滞が続いている。

　　2　午後6時ごろは、地下鉄がすごく渋滞する。

　　3　映画館が渋滞するのは、夜の6時からだ。

　　4　どこを見ても人で、デパートは渋滞となった。

N3全真模拟試題

33 外す

1 市民会館の壁にある看板を外した。

2 頑張った結果、みんなでメダルを外すことができた。

3 日本では家に入って靴を外すことになっている。

4 定年後も今の土地を外すつもりはない。

34 面接

1 2年前に、あの有名な歌手に面接したことがある。

2 この病院の面接時間は午後3時から6時までだ。

3 この学校では年3回の保護者面接を行っている。

4 店長はアルバイト希望者の面接で忙しそうだ。

35 こっそり

1 仕事をこっそり片付けて帰宅した。

2 一週間の旅をこっそり楽しんだ。

3 母に知られないように、こっそり部屋を出た。

4 鍋料理には野菜をこっそり入れる。

模擬テスト

第4回
だい　　かい

言語知識（文法）・読解
げん ご ち しき　ぶん ぽう　どっ かい

（70ぷん）

問題1　つぎの文の（　　　　）に入れるのに最もよいものを、1・2・3・4から一つえらびなさい。

1　引き出しを片付けていたら、故郷の祖母（　　　　）古い手紙が出てきた。
　　1　では　　　　　　2　での　　　　　　3　へは　　　　　　4　からの

2　A「あと30分しかありませんよ。」
　　B「これも買いたい、あれも買いたい。時間が足り（　　　　）ないわ。」
　　1　そうだ　　　　　2　そうに　　　　　3　そうな　　　　　4　そうは

3　私が本屋に入った時は、人でいっぱいだったが、あれこれ本を探していたら、
　　（　　　　）誰もいなくなった。
　　1　もしかしたら　　　　　　　　　2　せっかく
　　3　いつの間にか　　　　　　　　　4　まったく

4　病院の先生の話では、この病気を治す（　　　　）手術が必要だそうだ。
　　1　には　　　　　　2　ものの　　　　　3　かわりに　　　　4　次第で

5　最近仕事が忙しく、食事の時間が不規則になり（　　　　）だ。
　　1　がち　　　　　　2　がたい　　　　　3　がる　　　　　　4　やすい

6　16日夜から17日未明（　　　　）関東地域の広い範囲で雪が降った。
　　1　において　　　　2　にかわり　　　　3　によって　　　　4　にかけて

7　昨日はすごく疲れて、化粧した（　　　　）寝てしまった。
　　1　うちに　　　　　2　まま　　　　　　3　ばかりに　　　　4　ところ

8　彼の表情からすると、どうも面接に落ちた可能性が高い（　　　　）。
　　1　そうだ　　　　　2　ようだ　　　　　3　ことだ　　　　　4　ものだ

9　お金を使いすぎてはいけないということを子どもにちゃんと教え（　　　　）。
　　1　なくてもかまわない　　　　　　　2　なくてはならない
　　3　ないではいられない　　　　　　　4　ないこともない

10　（電話で）
　　A「もしもし、高崎商事の石田ですが、中村さんはいらっしゃいますか。」
　　B「中村は今外出中ですが。」
　　A「そうですか。それでは、中村さんに電話があったことを（　　　　）。」
　　1　伝えてさしあげましょうか　　　　2　伝えていただけますか

3　伝えさせましょうか　　　　　　　　4　伝えさせていただけますか

11　正しい敬語が使えないと、かえって相手に失礼な印象を（　　　　　）。

1　与えてみたところだ　　　　　　　2　与えておくこともある

3　与えているところだ　　　　　　　4　与えてしまうこともある

12　この件について、社長はいろいろと考えて（　　　　　）ようです。

1　おっしゃる　　　　　　　　　　　2　いらっしゃる

3　かしこまる　　　　　　　　　　　4　おめにかかる

13　A「連休はどう過ごしました？」

B「家族と一緒に旅行に（　　　　　）。」

1　行ってきました

2　行っておきました

3　行くべきでした

4　行くようにしました

問題2　つぎの文の＿＿＿★＿＿＿に入る最もよいものを、1・2・3・4から一つえらびなさい。

（問題例）

つくえの　＿＿＿＿＿　＿＿★＿＿　＿＿＿＿＿　あります。

1　が　　　　　　2　に　　　　　　3　上　　　　　4　ペン

（解答のしかた）

1. 正しい答えはこうなります。

つくえの　＿＿＿＿＿　＿＿＿＿＿　＿＿★＿＿　＿＿＿＿＿　あります。
3上　　　　2に　　　　4ペン　　　1が

2.　＿＿★＿＿に入る番号を解答用紙にマークします。

（解答用紙）　（例）　①　②　③　●

14　日曜日の夜はいつも　＿＿＿＿＿　＿＿＿＿＿　＿＿★＿＿　＿＿＿＿＿　している。

1　見ながら　　　　2　のんびり　　　　3　家で　　　　4　テレビを

15　困ったことがあったら　＿＿＿＿＿　＿＿＿＿＿　＿＿★＿＿　＿＿＿＿＿　ほうがいい。

　　　　1　誰かに　　　　　2　一人で　　　　　3　相談した　　　　4　悩まないで

16　レポートの締め切り ＿＿＿＿＿ ＿＿＿＿＿ ＿★＿ ＿＿＿＿＿ から、彼は昨

　　日も遅くまで勉強していた。

　　　　1　まで　　　　　　2　しかない　　　　3　あと　　　　　　4　3日

17　頭痛（ずつう）が ＿＿＿＿＿ ＿＿＿＿＿ ＿★＿ ＿＿＿＿＿ だ。

　　　　1　ほど　　　　　　2　夜も　　　　　　3　ひどくて　　　　4　眠れない

18　あの人の ＿＿＿＿＿ ＿＿＿＿＿ ＿★＿ ＿＿＿＿＿ ほうがいいよ。

　　　　1　なんか　　　　　2言う　　　　　　3　信じない　　　　4　こと

問題3　つぎの文章（ぶんしょう）を読んで、文章全体（ぶんしょうぜんたい）の内容（ないよう）を考えて、　19　から　23　の中に

　　　　入る最もよいものを、1・2・3・4から一つえらびなさい。

以下は留学生（りゅうがくせい）の作文です。

日本のトイレ

スティーブン　アスター

　私は去年4月から東京の日本語学校で勉強しています。日本に来ていちばん印象深かったのは、日本は街も道もきれいなことです。それだけでなく、トイレもいつもきれいです。　19　、昨日のニュースによると、オフィスビルのトイレでは、最近常（じょう）識（しき）を超えたことが起きているそうです。

　ニュースの画像（がぞう）では、ビルの掃除をしている人が　20　言いました。「最近、トイレの個室（こしつ）の中にお茶のペットボトルやおにぎりの袋を見つけることがあります。食べたり飲んだりしたあとで、ここに入って　21　、どうやらここで食べたらしいです」。私は、「えっ！トイレで食事？」とびっくりしました。実際にしたことがある人にインタビューしてみたら、「だって、会社の中で一人になれるのは、　22　」と答えました。

　私は友だちの中田さんにニュースのことを話しました。中田さんは「私はトイレで何か食べたり飲んだりしませんが、中はきれいだし、トイレで食べているとほっとするという人もいるでしょうね」と言いました。

　そうですか。それは、ストレス　23　自分を守る方法なのでしょうか。

19

　　1　そして　　　　　2　しかし　　　　　3　だから　　　　　4　つまり

20

　　1　こう　　　　　　2　そんなに　　　　3　どう　　　　　　4　あんな

21

　　1　捨てたようで　　　　　　　　　　2　捨てるつもりで

　　3　捨てたのではなくて　　　　　　　4　捨てたかもしれないので

22

　　1　ここしかないでしょう　　　　　　2　ここしかないでしょうか

　　3　一つもないでしょう　　　　　　　4　一つもないでしょうか

23

　　1　ばかり　　　　2　まで　　　　　3　ぐらい　　　　4　から

問題4　つぎの（1）から（4）の文章を読んで、質問に答えなさい。答えは、1・2・3・4から
　　　　　最もよいものを一つえらびなさい。

　これは、ある人が松島さんに送った手紙である。

（1）

令和2年9月21日

松島智子　様

マリア

　秋の空が、青く高く感じられるこの頃です。先日の引っ越しの際には、本当にお世話になりました。おかげさまで、狭いながらも新居での新しい暮らしがスムーズに始められました。感謝しています。

　さて、私の大学では来週の日曜日に、地域の方と留学生の交流会を行います。留学生が自分の国の料理を手作りして販売したり、歌を歌ったり民族舞踊を踊ったりします。

　もし、お時間があれば、ぜひお越しいただきたいと思います。

24　この手紙を書いた目的は何か。

　　　1　引っ越しへのお礼

2　交流会へのお誘い

　　3　料理販売のお願い

　　4　暑中お見舞い

（2）

　現代社会特有の「休み方」というものがある。現代で言えば、「肉体疲労」といっても、純粋に肉体的な疲労である場合は少ない。一日中パソコンに向かっていたり、出歩くと言っても営業で町中を歩くくらいだ。睡眠不足は明らかな疲労だが、一般的にいえば、昔ほど肉体は疲れない労働をしている。それなのに疲れている。

　そういう時に、たっぷり眠るだけでは意外と疲れが取れないことがある。疲れているはずなのに、体を動かしたほうが疲れが取れるというパラドックス(注)が起こる。

（注）パラドックス：逆説

25 　この文章で筆者が紹介している「疲労回復の方法」に合っているものはどれか。

　　1　パソコンに向かう時間を少なくすること

　　2　営業関係の仕事をやること

　　3　睡眠を十分に取ること

　　4　体を動かすこと

（3）

　電気代の節約術をお教えします。最近の蛍光灯はとても明るいので、大きい方の蛍光灯だけで充分生活できます。小さい方は、プラグから外しましょう。スイッチをつける時に一番電力を消費するので、あまり頻繁に切り替えると逆に無駄な電気を消費する事があります。少しの間であれば、つけたままの方が良いでしょう。「ついたり消えたりする」状態の切れかかった蛍光灯は、普通の状態よりも多くの電気を消費しています。急いで新しいものと取り替えましょう。

26 　電気代の節約術について、文章の説明と合っているものはどれか。

　　1　大きい蛍光灯を消して、小さい蛍光灯だけを使うこと

　　2　少しの間でも、使わないときは電気を消すこと

　　3　何度もスイッチをつけたり消したりすること

　　4　切れかかった蛍光灯は早めに交換すること

（4）

町内会の掲示板に、このお知らせがはってある。

山川町清掃活動

〜清掃活動に参加して、町をきれいにしませんか〜

日　　　時：10月14日（土）8：00〜11：00

　　　　　　（8時に集合してください。）

集合場所：市民公園の正門

活動内容：町内のゴミ拾い

持ち物：手袋（必ず持ってきてください。）

　　　　　※ゴミ袋はこちらでも用意しますが、ご自宅にあれば、持ってきてください。

申し込み：不要です。当日、直接集合場所に来てください。

　　　　　※悪天候により中止する場合の連絡を希望する方は、10月11日までにメールでお申し込みください。

※活動終了の後、お茶やジュースをお配りします。

山川町　町内会

電話：05－1748－4216

Yamakawacho@XXmail.co.jp

---

27 清掃活動に参加したい人全員が、しなければならないことは何か。

1　11日までにメールで申し込み、14日の8時に手袋を持って市民公園に行く。

2　11日までにメールで申し込み、14日の8時に手袋とゴミ袋を持って市民公園に行く。

3　14日の8時に手袋を持って市民公園に行く。

4　14日の8時に手袋とゴミ袋を持って市民公園に行く。

問題5　つぎの（1）と（2）の文章を読んで、質問に答えなさい。答えは、1・2・3・4から最もよいものを一つえらびなさい。

（1）

最近増えている「①キャッチセールス」には十分注意しましょう。「キャッチセールス」とは、路上などで通行人に声をかけ、無理やり商品を買わせるものです。特に若者の多い

繁華街（はんかがい）で、学生をターゲットにしたセールスによる②トラブルが増えています。

　「アンケートに答えてください」「モデルになりませんか」などと声をかけ、最終的に高額な化粧品や会員権を売りつけるといった商法です。強くすすめられて断りきれず、つい契約書にサインをしてしまい、警察に相談してやっと解約できた…というケースもありました。

　このようなことにならないように、いやなことはいやだとはっきり断る事が大事です。それでも、もしトラブルが起こってしまったら、すぐに学生課に申し出てください。早めの対応が大切です。

28　①「キャッチセールス」の定義に合っているものはどれか。
　1　学生を対象に、クレジットカードの勧誘をすること
　2　路上で雑誌やチラシを通行人に配ること
　3　駅前で若者向けの英会話の教材を販売すること
　4　道端で声をかけ、無理に高額な化粧品を買わせること

29　②「トラブル」とあるが、たとえば、どんなことが「キャッチセールス」によって起こるトラブルなのか。
　1　自分のカードが盗まれ、銀行口座のお金がなくなったこと
　2　路上で声をかけてきた人の話に乗って、うっかり契約書にサインをしたこと
　3　テレビの広告を見て、全然役に立たない商品を購入してしまったこと
　4　アンケート調査に記入することで、思いがけない賞にあたったこと

30　「キャッチセールス」の被害に遭わないため、どうしたらよいかと言っているのか。
　1　勧誘されたら、はっきりした態度を取る。
　2　契約書をサインしたあと、すぐに110番に通報する。
　3　声をかけられたら、早く逃げるようにする。
　4　商品を売りつけられたら、学生課に電話をかける。

（2）

　あいさつとは、一般の定義をすれば、「人間相互によるコミュニケーションの初めと終わりの儀礼的行為」ということができる。分かりやすい例でいえば、私たちは朝、起きた時に家人に「おはよう」と言ってあいさつをし、それから、用事や雑談などさまざまなコミュニケーションを相互にして、最後には「おやすみ」と再びあいさつをして、その日のコミュニケーションが終わるのである。もう少し時間的に短いコミュニケーションもよくある。路上である人に出くわして、「まぁ、お久しぶり」と言って、コミュニケーションが始まり、しばらくの雑談の後、「それでは、また」とか、「では、お元気で」とか言っ

て別れる。この行為には、言語行為だけではなく、頭を下げるなどのしぐさという身体行為がともなう。

31 「あいさつ」の定義について、筆者の説明と合っているものはどれか。
1　用事や雑談のような短いコミュニケーション
2　人に出会うときと別れるときに言う言葉
3　頭を軽く下げるなどの身体行為
4　コミュニケーション前後の言語的、身体的行為

32 「あいさつ」とあるが、たとえば、具体的にどういうものがあいさつなのか、文章の説明に合っているものはどれか。
1　授業中に先生の質問に対して「すみません」と答えること
2　デパートの案内係に「すみません、トイレはどこですか」と尋ねること
3　スピーチを始める前に、「皆さん、こんにちは」と言うこと
4　会議中、同僚の発言に首を振って合図を送ること

33 文章の内容と合っているものはどれか。
1　あいさつには話し手の本当の気持ちが含まれていない。
2　あいさつは儀礼的な行為にすぎず、あまり役に立たない。
3　用事がない時の雑談もあいさつの一種である。
4　コミュニケーションの始まりと終わりの部分によくあいさつ表現を使う。

問題6 つぎの文章を読んで、質問に答えなさい。答えは、1・2・3・4から最もよいものを一つえらびなさい。

　明日からは着ることのない制服を前にして、息子は黙っていた。
　卒業は何も突然やって来たわけではない。むしろ入試が終わると、「もうすぐ卒業するんだなあ」と卒業を待ち、高校での新しい生活を夢見たのではなかったか。それなのに卒業式、謝恩会を終えて帰宅した息子は、ひどく口が重くなっていた。
　夕食後の風呂あがりに息子は私に、「お母さん、何か言うことない？」と聞いた。私はわざと、「何もないよ。ごめんね」と答えた。
　①私にも息子の感傷は経験上分かるが、それだけである。先生や友人、学校での数々の思い出を、そのまま共感してやることはできない。それはもう、私の知る世界ではないからだ。
　「こんな日はね、一人でいる方がいいよ。たぶんお母さんと何かを話しても、どうしようもないよ。」

「…そうだね、もう寝る。」

　悩みや相談なら、自分が言い出すことで楽になったり考え方が変わったりする。しかし、感傷や思い出というものは、人に話してもどうしようもなく、実際、言葉にすればするほど心から離れたものになってゆく。

　②わかってもらえないことがあると知ることで思い出が深まっていくのだと、③いずれ息子も知るだろう。大切な思い出ほど、人は人に語りたくないものなのだ。

34　①「私にも息子の感傷は経験上分かるが、それだけである」とあるが、その説明について、正しいのはどれか。

1　私にも息子と似た経験があり、息子の感傷を理解することができる。

2　息子の気持ちは理解できるが、まったく同じ感情を抱くことはできない。

3　私にも卒業時期の思い出があるが、息子の感傷を理解することができない。

4　私にも卒業の経験があるが、それは昔のことで息子にとって参考にならない。

35　②「わかってもらえないこと」とあるが、本文の内容で推測できるのは、どんなことか。

1　進路を決めるときの悩み

2　どの店に入るかの選択

3　友人と別れるときの悲しみ

4　どの大学に進学するかの相談

36　③「いずれ息子も知るだろう」とあるが、ここで「息子が知る」ことはどんなことか。

1　感傷や思い出は一人で経験することでますます大事なものになっていくということ

2　自分の考えや気持ちはほかの人に理解してもらえないということ

3　感傷や悩みは人に話しても解決できるものではないということ

4　悲しい思い出や感傷はことばではなかなか説明できないということ

37　文章の内容と合っているものはどれか。

1　筆者は息子の卒業を期待していた。

2　筆者の息子は今年で高校を卒業した。

3　筆者は息子のような経験を持っていなかった。

4　筆者は悲しんでいる息子を一人にした。

問題7　つぎのページは、顛末書である。これを読んで、下の質問に答えなさい。答え
　　　　は、1・2・3・4から最もよいものを一つえらびなさい。

38　この顛末書によると、事故の当事者は誰か。
　　1　田中さん　　　　　　　　　　　2　岡田さん
　　3　橋本さん　　　　　　　　　　　4　バイクの運転手

39　顛末書の内容に合っているものはどれか。
　　1　バイクの運転手はまだ在学中の学生で、重傷を負っていた。
　　2　事故の被害者は20万円の損害賠償金をもらった。
　　3　営業車は向こうから走ってきたバイクとぶつかった。
　　4　事故再発を防ぐ対策として、講習会を行うことなどを検討している。

顛末書

営業部長　田中一郎様

営業課長　岡本秀夫

　このたび、当営業部員橋本拓哉が起こした交通事故について、その事実関係をご報告いたします。

---

1. 事故発生日時と場所：

　令和2年4月2日、午後4時ごろ、新宿区桜町2丁目第3交差点。

2. 事故発生状況：

　交差点で橋本拓哉の運転する営業車が、左折する際、左側を直進中のバイクを巻き込み、バイクの前方と両脇を破損。

3. 事故原因：

　橋本拓哉の左折合図の出し忘れ。

　バイクの運転手は、重傷ではありませんが、現在入院中です。また運転手は、学生で、現在通学できない状態です。

　バイクの損害額は20万円相当として査定され、被害者の入院・治療費は後日確定します。またそれとは別に見舞金として、十分な配慮を考えております。

　今後は定期的に講習を開くなど、営業部員の安全運転への認識を徹底させ、事故再発を防ぐよう努力いたします。

以上

模擬テスト第4回

模擬テスト

だい　　かい
第 4 回

ちょうかい
聴解

（40ぷん）

問題1

　問題1では、まず質問を聞いてください。それから話を聞いて、問題用紙の1から4の中から、最もよいものを一つえらんでください。

1ばん

1　「めんそーれ」という店の前
2　バス停の前
3　バス停の手前
4　スーパーの手前

2ばん

1　15人分　　　　2　14人分　　　　3　12人分　　　　4　11人分

3ばん

1　食事に行く
2　病院に行く
3　マッサージに行く
4　買い物に行く

4ばん

1　帰ってから、主人に内山さんから電話があったと伝える
2　帰ってから、主人に内山さんに電話をするよう伝える
3　主人が帰ってきたら、内山さんから電話があったと伝える
4　主人が帰ってきたら、内山さんに電話をするよう伝える

5ばん

1　お弁当をならべる
2　窓のそうじをする
3　中村さんにレジの仕事を教える
4　中村さんに商品の場所を教える

6ばん

1　すぐ工場に行ってくる
2　すぐ工場を案内する
3　すぐあずま商事に行く
4　上司に工場案内を頼む

問題2

　問題2では、まず質問を聞いてください。そのあと、問題用紙を見てください。読む時間があります。それから話を聞いて、問題用紙の1から4の中から、最もよいものを一つえらんでください。

1ばん

1　今のアパートは環境が悪いから
2　今のアパートが不便だから
3　今のアパートが建て替えられるから
4　今のアパートが学校から遠いから

2ばん

1　しょうゆを入れすぎたこと
2　始めから魚に塩味がついていたこと
3　塩と砂糖を入れ間違えたこと
4　味見をしなかったこと

3ばん

1　具合が悪いから
2　引っ越しで疲れたから
3　外国に移住することになったから
4　お母さんが来るから

4ばん

1　年をとってからの生活のため
2　海外旅行をするため
3　車をかうため
4　りゅうがくするため

5ばん

1　飲酒運転
2　アクセルとブレーキの踏み間違い
3　ルールを守らなかったこと
4　気をつけなかったこと

6ばん

1　きょりが遠かったから
2　仕事のないようが楽しくなかったから

3 休みが取りにくかったから
4 時給がひくかったから

問題3
　問題3では、問題用紙に何もいんさつされていません。この問題は、ぜんたいとしてどんなないようかを聞く問題です。話の前に質問はありません。まず話を聞いてください。それから、質問とせんたくしを聞いて、1から4の中から、最もよいものを一つえらんでください。

―メモ―

問題4
　問題4では、えを見ながら質問を聞いてください。やじるし（➡）の人は何と言いますか。1から3の中から、最もよいものを一つえらんでください。

1ばん

2ばん

3ばん

4ばん

問題5

問題5では、問題用紙に何もいんさつされていません。まず文を聞いてください。それから、そのへんじを聞いて、1から3の中から、最もよいものを一つえらんでください。

—メモ—

模擬テスト

第5回
<ruby>第<rt>だい</rt></ruby> 5 <ruby>回<rt>かい</rt></ruby>

げんごちしき（もじ・ごい）

（30ぷん）

問題1 ＿＿＿＿のことばの読み方として最もよいものを、1・2・3・4から一つえらびな
さい。

1 部屋にタバコの煙が充満している。

1 えん 　　　　2 ほのお 　　　　3 けむり 　　　　4 かおり

2 通信技術の進歩はとても速い。

1 しんぽう 　　　2 しんぼ 　　　3 しんぼう 　　　4 しんぽ

3 彼女は、最近眩しいほど美しくなった。

1 はずかしい 　　2 すずしい 　　3 まぶしい 　　4 すばらしい

4 不誠実な人を嫌う。

1 いやう 　　　　2 いわう 　　　　3 すくう 　　　　4 きらう

5 電車でお年寄りに席を譲った。

1 こおった 　　　2 やぶった 　　　3 つもった 　　　4 ゆずった

6 彼は自己主張の強い人だ。

1 しゅちょう 　　2 しゅちょ 　　3 しゅっちょう 　　4 しゅっちょ

7 東京から大阪までは片道3時間ぐらいかかる。

1 へんどう 　　　2 かたどう 　　　3 へんみち 　　　4 かたみち

8 歌舞伎の伝統を守る。

1 でんどう 　　　2 てんどう 　　　3 でんとう 　　　4 てんとう

問題2 ＿＿＿＿のことばを漢字で書くとき、最もよいものを、1・2・3・4から一つえらび
なさい。

9 今のところ被害のほうこくはない。

1 方告 　　　　2 法告 　　　　3 豊告 　　　　4 報告

10 一人で子どもをそだてるのは大変だ。

1 育てる 　　　2 培てる 　　　3 養てる 　　　4 教てる

11 にわにきれいな花が咲いている。

1 庭 　　　　2 隅 　　　　3 院 　　　　4 棚

12 きれいな夜景を<u>ながめる</u>。

1　望める　　　　2　眺める　　　　3　看める　　　　4　瞭める

13 <ruby>玄関<rt>げんかん</rt></ruby>に荷物を置くと<u>じゃま</u>になる。

1　邪魔　　　　2　邪摩　　　　3　邪磨　　　　4　邪麻

14 <u>めんどう</u>な手続きだが、やるしかない。

1　免働　　　　2　面働　　　　3　免倒　　　　4　面倒

問題3 （　　　　）に入れるのに最もよいものを、1・2・3・4から一つえらびなさい。

15 （　　　　）食事の時間だ。

1　それぞれ　　　2　ぜんぜん　　　3　しばしば　　　4　そろそろ

16 （　　　　）の雨で運動会は体育館で行われた。

1　あいにく　　　2　しばらく　　　3　さっそく　　　4　たいして

17 改装したお店は（　　　　）イメージに変わった。

1　あかるい　　　2　すくない　　　3　みじかい　　　4　こまかい

18 朝の（　　　　）な空気がとても気持ちいい。

1　にぎやか　　　2　あんぜん　　　3　さまざま　　　4　さわやか

19 近年若者の生活（　　　　）が変わってきた。

1　スタイル　　　2　ステーキ　　　3　ストーブ　　　4　スマート

20 床に絨毯を（　　　　）。

1　はく　　　　2　さく　　　　3　しく　　　　4　ひく

21 会議の（　　　　）を作成する。

1　手紙　　　　2　題名　　　　3　書類　　　　4　内容

22 彼は声が大きいので（　　　　）。

1　そだつ　　　2　さきだつ　　　3　たびだつ　　　4　めだつ

23 旅行の前に（　　　　）を立てたほうがいい。

1　予定　　　　2　予報　　　　3　予習　　　　4　予約

24 <ruby>地元<rt>じもと</rt></ruby>スタッフも（　　　　）と、参加者は約500人だ。

1　つとめる　　　2　ふくめる　　　3　せめる　　　4　しめる

25 病院へ行ってから、胃の（　　　　　）がよくなった。

1　体調　　　　　　2　好調　　　　　　3　低迷　　　　　4　調子

問題4　＿＿＿＿に意味が最も近いものを、1・2・3・4から一つえらびなさい。

26 試合に負けてがっかりした。

1　取り込んだ　　2　落ち込んだ　　3　駆け込んだ　　4　飛び込んだ

27 言うのはやさしいが、やるのは大変だ。

1　直接だ　　　　2　素直だ　　　　3　当然だ　　　　4　簡単だ

28 試合の前はとても緊張した。

1　かたくなった　2　おもくなった　3　つよくなった　4　さびしくなった

29 この子はとても正直だ。

1　がまんづよい　2　うそをつかない3　頭がいい　　　　4　まじめだ

30 季節によって、楽しむスポーツも異なる。

1　シーズン　　　2　カレンダー　　3　ダイヤ　　　　4　レジャー

問題5　つぎのことばの使い方として最もよいものを、1・2・3・4から一つえらびなさい。

31 流れる

1　父が亡くなって5年の年月が流れた。

2　この歌は80年代にすごく流れていた。

3　今流れているファッションをチェックする。

4　駅前の焼肉屋は大変流れていてよく行列ができている。

32 吸収

1　新鮮な空気を吸収するだけで元気になる。

2　子どもは知識を吸収するのが速い。

3　ピンク色の花をカメラに吸収する。

4　撮った写真を美術館に吸収する。

33 目指す

1　鈴木先生は二つのクラスを目指している。

2　時計の針はもう6時を目指している。

3 世界大会を目指して毎日特訓を受ける。

4 早く終わるよう、日程を目指した。

34 相当

1 作業の完成に、相当な時間がかかった。

2 相当な大きさでジャガイモを切る。

3 高くてもその値段に相当なおいしいワインだ。

4 先輩から相当なアドバイスをいただいた。

35 めったに

1 彼はめったにこの店に来ることがある。

2 珍しいことだが、めったに起きる現象だ。

3 彼が会社を休むことはめったにない。

4 こんな事故はめったに発生する。

模擬テスト

第 5 回

言語知識（文法）・読解

（70ぷん）

問題 1 つぎの文の（　　　　）に入れるのに最もよいものを、1・2・3・4から一つえらびなさい。

1 仕事から帰ってきた父は、いつもより疲れた顔（　　　　）していた。

　　1　を　　　　　　2　が　　　　　　3　と　　　　　　4　で

2 A「今、何してんの？」

　　B「ちょうど宿題が終わった（　　　　）なんだ。」

　　1　ところ　　　　2　もの　　　　　3　こと　　　　　4　くらい

3 ひどい風邪で、今日は家で休む（　　　　）。

　　1　こともない　　　　　　　　　2　と考えられる

　　3　のだろうか　　　　　　　　　4　しかない

4 （　　　　）好きな歌手のライブのチケットを買ったのに、急な仕事で行けなかった。

　　1　はっきり　　　2　ぜったいに　　3　あまりにも　　4　せっかく

5 火事で倒壊したあの建物を建て（　　　　）には、5年以上かかると言われている。

　　1　始める　　　　2　直す　　　　　3　出す　　　　　4　過ぎる

6 岸田さんは誰（　　　　）優しくて真面目な一方で、つまらないところもある。

　　1　にだけ　　　　2　にさえ　　　　3　にしか　　　　4　にでも

7 まだ仕事が終わっていないので、帰る（　　　　）。

　　1　ほかはない　　　　　　　　　2　ほどのことではない

　　3　わけではない　　　　　　　　4　わけにはいかない

8 弟は以前から（　　　　）いたゲームソフトを買ってもらって喜んでいる。

　　1　ほしがって　　　　　　　　　2　はんして

　　3　もとづいて　　　　　　　　　4　ほしくて

9 先週、風邪を引いた母の代わりに、父が久しぶりに私と妹を遊園地に（　　　　）。

　　1　連れられてきた　　　　　　　2　連れられていった

　　3　連れていってくれた　　　　　4　連れていってあげた

10 （天気予報で）

　　「あす火曜日は、九州から関東にかけて広く雨が降るでしょう。ただ、地方（　　　　）、雨の降る時間が違います。」

1　に関して　　　2　によって　　　3　とともに　　　4　をきっかけに

11　ここ数年、テレビで放送しているアニメの番組が多(　　　　)ような気がする。

1　できる　　　　2　かぎる　　　　3　すぎる　　　　4　がちだ

12　これ(　　　　)の傷で、大騒ぎすることはないよ。

1　ほど　　　　　2　より　　　　　3　ぐらい　　　　4　こそ

13　みなさん、これから二週間の農家生活を(　　　　)ください。

1　お楽しみ　　　　　　　　　　　　2　ご楽しみ

3　楽しみなさり　　　　　　　　　　4　楽しまれ

問題2　つぎの文の　★　に入る最もよいものを、1・2・3・4から一つえらびなさい。

（問題例）

つくえの　＿＿＿＿＿　＿＿＿＿＿　★　＿＿＿＿＿　あります。

1　が　　　　　　2　に　　　　　　3　上　　　　　　4　ペン

（解答のしかた）

1. 正しい答えはこうなります。

つくえの　＿＿＿＿＿　＿＿＿＿＿　★　＿＿＿＿＿　あります。
3上　　　　2に　　　　4ペン　　　1が

2. 　★　に入る番号を解答用紙にマークします。

（解答用紙）　（例）　①　②　③　●

14　夏休みの間に、ボランティア活動　＿＿＿＿＿　＿＿＿＿＿　★　＿＿＿＿＿
ことをやろうと思う。

1　役に立つ　　　　2　か　　　　　3　人の　　　　　4　何か

15　自分の家を　＿＿＿＿＿　＿＿＿＿＿　★　＿＿＿＿＿　10年もかかった。

1　今の新築が　　2　思ってから　　3　持とうと　　　4　建つまで

16　A「昨日の映画、どうだった？」

B「これ　＿＿＿＿＿　＿＿＿＿＿　★　＿＿＿＿＿　見たことがなかったよ。」

1　映画は　　　　2　ほど　　　　　3　今まで　　　　4　面白い

17 5年前、＿＿＿＿＿ ＿＿＿＿＿ ＿★＿＿＿ ＿＿＿＿＿ ことがある。

1　として　　　　2　研修生　　　　3　行った　　　　4　日本へ

18 （電話で）

A「明日の打ち合わせのことですが、朝は約束した時間に ＿＿＿＿＿ ＿＿＿＿＿

＿★＿＿＿ ＿＿＿＿＿ いいですか。」

B「はい、分かりました。それでは、午後の2時ぐらいはいかがでしょうか。」

1　もらっても　　　　　　　　　2　間に合わなさそうで

3　変更して　　　　　　　　　　4　午後に

問題3 つぎの文章を読んで、文章全体の内容を考えて、| 19 | から | 23 | の中に

入る最もよいものを、1・2・3・4から一つえらびなさい。

以下は留学生の作文です。

ペット

ファン　ミン

　東京に来て、日本ではペットを飼う人が多いことに気づきました。そして、最近、一人暮らしをしている人で、ペットとして犬や猫を飼う人が | 19 | ようです。友だちの藤井さんも「ミイちゃん」というかわいい猫を飼っています。休みの日は、一緒に部屋で遊んだり、映画を見たりします。「仕事が終わって、うちに帰れば孤独な世界が待っています。でも、ミイちゃんがいれば寂しくないです」と言いました。彼女にとって、ミイちゃんはかけがえのない存在でしょう。| 20 |、大切なパートナーなのです。

　私も以前「ホク」という犬を飼っていました。今は国の両親に世話をしてもらっています。よくホクの写真を送ってくれますが、ホクに | 21 |。藤井さんに「結婚したら、ミイちゃんは | 22 |」と聞いたところ、「もちろん一緒に連れて行きますよ」と答えてくれました。そして、彼女は「連れて行けないなら結婚しないかもしれませんね」と笑いながら言いました。彼女によると、一緒に住むことになる彼氏のマンションがペット禁止なので、結婚する | 23 | 迷っているという知り合いもいたらしいです。

　私は、帰国したらまたホクと一緒に暮らしたいと思っています。ホクには何歳になっても元気でいてほしいと思います。

19

1 増えていく　　2 増えている　　3 減っている　　4 減ってしまった

20

1 つまり　　　　2 そこで　　　　3 ところで　　　4 あるいは

21

1 会わなければなりません　　　　2 会ったことがあります

3 会ってほしいです　　　　　　　4 会いたくてしょうがないです

22

1 何をしましたか　　　　　　　　2 何をしますか

3 どうしましたか　　　　　　　　4 どうしますか

23

1 つもり　　　　2 ように　　　　3 かどうか　　　4 ために

問題4　つぎの(1)から(4)の文章を読んで、質問に答えなさい。答えは、1・2・3・4から最もよいものを一つえらびなさい。

（1）

| 受信者：青島課長 |
| 送信者：山崎直子 |
| 日　　付：2019/09/05 |
| 用　　件：在庫の照会 |

営業部　青島課長様

お疲れ様です。
マーケティング課の山崎です。

当課では現在、来年度夏物の婦人洋品のデザインを
立案しています。つきましては、下記製品の在庫数を
ご確認いただきたいと思います。

来週の月曜日までに別紙調査票にて、ご回答くださいますよう
お願いいたします。

```
                           照会内容
・品　　番：TR1、TR2、TY3、TY4
・期　　日：9月12日（月）
・回答先：マーケティング課　山崎宛
                                                              以上
```

24 この社内メールについて、正しいものはどれか。

　1　山崎さんは月曜日までに、来年度の婦人洋品のデザインを提出する。

　2　山崎さんは月曜日までに、在庫数を調べて調査票を提出する。

　3　青島さんは月曜日までに、来年度の婦人洋品のデザインを提出する。

　4　青島さんは月曜日までに、在庫数を調べて調査票を提出する。

（2）

（会社で）

　営業課のキムさんの机の上に、吉田課長からのメモが置いてある。

```
キムさん
　来週の会社説明会ですが、申し込みが予想（よそう）より増えています。参加者は120名ぐら
いになりそうですから、資料をあと20部お願いします。
　それから、今日、西川ホテルに連絡して、会場の予約を2階の2Cから8階の8Aに変え
てもらいました。人事部のみんなにはメールで知らせておきます。西川ホテルのほう
も当日参加者を8Aまで案内してくれますが、2Cのドアに会場が変わったことを知らせ
る紙をはったほうがいいと思うので、その紙を作っておいてください。
                                                              吉田
                                                11月3日　13：50
```

25 キムさんがこのメモで頼まれたことは何か。

　1　資料を120部準備することと、会場が変わったことを人事部のみんなにメール
　　で知らせること

　2　準備する資料を20部増やすことと、2Cのドアにはる紙を作っておくこと

　3　会場の予約を2Cから8Aに変えることと、2Cのドアに紙をはること

　4　会場が変わったことを西川ホテルに知らせることと、当日参加者を8Aまで案
　　内すること

（3）

　日本人は、春になったら花見を、秋になったら月見を楽しむ。私は最初、「花見」という言葉を聞いて、日本人をうらやましく思った。なんて素敵なんだろう、と。でも、実際に花見を体験してみて、ちょっと驚いた。花見の名所といわれる場所は、身動きができないほど込んでいた。近くのレストランも全部満席になってしまい、お腹がすいても食べるところがない！結局、ゆっくり桜の美しさを鑑賞する時間もなく、疲れて帰った。

26 この文章で筆者が一番言いたいことはどれか。

1　実際に花見を体験してみて、花の美しさに驚いた。
2　花見の名所に人が多すぎて、ゆっくり鑑賞できなかった。
3　花見の名所に食事するところがなくて困っている。
4　春になると花見に出かける日本人が羨ましい。

（4）

　「いつ、時間がありますか」と日本人の友達に聞くと、「ちょっと待ってね、手帳を見ないとわからないから」という答えが返ってくるのが普通だ。日本人の毎日の生活は、スケジュール表が支配している。だから急にカラオケや食事に誘ったりすると、たいてい「ごめん、予定が入ってるから」などと断られる。逆に、その日の予定が前もって決まっていないと、落ち着かないみたいだ。

27 筆者がこの文章で一番言いたいことはどんなことか。

1　日本人は予定を変えるのがあまり好きではないようだ。
2　スケジュール表は日本人にとって非常に大切なものである。
3　ほとんどの日本人に手帳に日程を書き込む習慣がある。
4　日本人をカラオケに誘うときは、前もって日時を決めたほうがいい。

問題5　つぎの（1）と（2）の文章を読んで、質問に答えなさい。答えは、1・2・3・4から最もよいものを一つえらびなさい。

（1）

　昔の財布は布製で巾着と言い、中身が落ちないように口をひもでしばっていました。そこから、財布のひもを握ると言えば、お金を管理することを意味します。「あそこの家では奥さんが①財布のひもをしっかり握っているから…」といった言い方をします。多くの家では、入ったお金はまず銀行や郵便局に預けますが、たんす(注1)の引き出しに入れておく人たちもいます。そうした保管方法を②たんす預金と言います。蓄えが十分で

ない庶民は③やりくり(注2)をしています。一家の家計を支えているのに、小遣いを抑えられ、昼食代などをやりくりする工夫もします。また、専業主婦で、自分で自由に使うお金をほとんど持たない妻もいます。このような夫や妻が、工夫して、相手に内緒で貯めるお金を「へそくり」と言います。

(注1)たんす：ものを収納する家具
(注2)やりくり：限られた収入の中で、工夫して支出を抑えること

28 ①「財布のひもをしっかり握っている」とあるが、その説明について、正しいのはどれか。

1 お金がたくさん入っていて、裕福な状態を表わす言葉
2 家の収入と支出を管理するという意味の表現
3 銀行や郵便局に勤めている人を指して言う言葉
4 昔の人がお金を管理する方法の一つとして使われている言葉

29 ②「たんす預金」とあるが、その定義に合っているものはどれか。

1 たんすの中に保管するお金を「たんす預金」と言う。
2 ものを収納する家具を買うために貯めたお金を「たんす預金」と言う。
3 銀行や郵便局の貯金以外に、たんすの中に置く小銭を「たんす預金」と言う。
4 月の始めに、たんすの引き出しに置く予備金を「たんす預金」と言う。

30 ③「やりくり」とあるが、その内容と合っているものはどれか。

1 庶民が家計を支えるために、銀行からお金を借りることもやりくりの一種である。
2 専業主婦が夫に内緒で、お金を貯めることもやりくりの一種である。
3 昔は奥さんが一家の家計を管理しているため、夫がやりくりしなければならなかった。
4 昔はやりくりで貯めたお金を自分のために使う人が多かった。

（2）

　元気は、病気や体調不良の単なる反対語ではなく、活動のエネルギーが十分あることを意味します。ちょうど容器に燃料が満たされているようなイメージです。元気が十分ある状態を「元気いっぱい」「元気はつらつ」などと表現します。その逆を「元気がない」「元気がなくなる」などといい、人がそういう状態のときは「元気、出して！」と励まします。無理に元気なふりをすることをカラ元気(カラは空＝無いの意味)といいます。「元気が一番」という慣用表現もあるほど、元気は、生きるのに大切なこととされています。

　また、体や頭を使いすぎて心身が弱ると、「疲れた」「くたびれた」「くたくただ」などと

いいます。「お疲れ」や「お疲れ様です/でした」は、仕事や勉強を終えて帰るときの決まり文句です。また疲れて動けなくなることを「バテる」といいます。近年、働きすぎによる疲れが重なって死に至る過労死が、国内外に衝撃を与え、「カローシ」は世界で通用する日本語になってしまいました。

31 「元気」についての説明として、合っているものはどれか。

1 元気がないとき、「元気はつらつ」と言って励ます。

2 生き生きと仕事をしている様子を「カラ元気」と言う。

3 「元気出して」は落ち込んでいる人に向かって言う言葉である。

4 日本人は「元気」は生きていく上で一番大切なものだと考えている。

32 次の場面に使う表現として、文章の説明と合っているものはどれか。

1 出張先から戻ってきた時、「ああ、もうくたくただ」と言う。

2 通勤の電車で席を譲ってくれた人に向かって「お疲れ様でした」と言う。

3 仕事を終えて家に帰るとき上司に向かって「どうぞお元気で」と言う。

4 飲み会が終わり、友だちと分かれるとき「お元気ですか」と言う。

33 文章の内容と合っているものはどれか。

1 働きすぎて病気になってしまう状態を「カローシ」と言う。

2 夏の暑さが原因で疲れた状態を「バテる」とか「くたびれた」と言う。

3 「カローシ」という言葉は日本人によって使われ始めた。

4 元気は体の健康状態を表わす言葉として使われている。

問題6 つぎの文章を読んで、質問に答えなさい。答えは、1・2・3・4から最もよいものを一つえらびなさい。

一軒の家の中で、家族がどのように動いているのかを三つの型に分類すると、イギリス型、イタリア型、日本型の三種類がある。イギリス型の家族はそれぞれに独立した部屋を持ち、個人の場所を大切にしている。団らんの場はあるが、そこにみんなが集まるのは食事やお茶の一時だけである。家族であっても、そこはみんなが集まる場所なのだから、一人だけで自分の部屋にいるときと同じようにはすべきではないと考えられている。そこは世界で一番小さな公の場なのである。

イタリア型の家庭の中心は広いリビングルーム。みんなが集まり、楽しくにぎやかに語り合う。家族だけでなく、友達も仲間もいっしょになって、食べたり飲んだり歌ったりするし、話に夢中になってけんかになることもある。それでもみんないっしょにいることが好きなのだ。一人になりたかったら、団らんの場を離れて、自分の部屋に帰ればよ

い。そこは一人だけの世界である。

　では日本型はどうであろうか。どの部屋もそれぞれにみんなのために使われている。こちらの部屋では食事をし、そちらの部屋ではみんなでこたつを囲み、あちらの部屋では夜になるとふとんを出して休む。今ではこの生活のしかたはだいぶ変わってきたが、まだイギリス型、イタリア型ほど個人の場と公の場がはっきりと分けられてはいないようだ。

34 イギリス型家族の特徴についての説明として、文章の内容と合っているものはどれか。

1　団らんの時間が少なく、その代わり個人の自由時間を大切にしている。

2　みんなが集まる時間帯に、個人のことをしてはいけないことになっている。

3　家族のみんなが集まる場は公共の場所だと考えている。

4　イギリス人にとって自分の部屋は世界で一番小さな公の場である。

35 イタリア型家族の特徴についての説明として、文章の内容と合っているものはどれか。

1　家族団らんや友人の集まりを重視する一方、個人の場所はない。

2　たまにけんかすることがあっても、集まって話すのが好きだ。

3　団らん活動は家庭の中心となっているため、公の礼儀が厳しい。

4　イタリア人は家族といっしょに過ごす時間を何より大切に考えている。

36 日本型家族の特徴についての説明として、文章の内容と合っているものはどれか。

1　部屋の使い方や分け方に、個人と公のはっきりした区別がない。

2　部屋の使い方はだいたい家族みんなで相談して決める。

3　家族のみんなが同じ空間にいるので、個人の場所はない。

4　みんながいっしょに行動する中で、家族がもっと仲良くなる。

37 家族の三つの型のまとめとして、正しいのはどれか。

1　公の場所を一番重視しているのは日本型である。

2　日本型のリビングルームはイギリス型と似ている。

3　イタリア型家族はけんかの割合が一番高い。

4　個人の場所をすごく大切に考えているのはイギリス型である。

問題7　つぎのページは、道路工事についての知らせである。これを読んで、下の質問
　　　に答えなさい。答えは、1・2・3・4から最もよいものを一つえらびなさい。

38　今回の道路工事の目的と合っているものはどれか。

1　新しい排水道を敷設するため

2　歩行者通路を広くするため

3　車道と歩道を分けるため

4　排水施設を改修するため

39　道路工事の影響についての説明として、正しいのはどれか。

1　工事場所は夜六時以降、通行止めになっている。

2　工事期間中、車が一方通行になっている。

3　工事期間中、歩行者はほかの道を利用しなければならない。

4　今回の工事は半年ぐらい続くことになっている。

● 道路工事についてのお知らせ ●

　このたび、渋谷区では下記の場所にて道路工事を行うことになりました。

　工事の期間中、騒音や通行のご不便など、ご迷惑をおかけいたしますが、細心の注意を払って安全な施工を心掛け、一日も早く工事を完成させるとともに、住み良い街づくりに努力いたしますので、どうぞご理解とご協力のほどよろしくお願い申し上げます。

工事内容	車道舗装・歩道舗装・排水施設改修等
工事場所	渋谷町　7丁目　10番地
工事予定日	令和3年11月17日から 令和4年2月20日まで
工事時間	9:00から　　18:00まで
歩行者の通路について	通常どおり通行できますが、工事中は道が狭くなっていますので、ご注意ください。
車の通行について	道路の片側だけ車が通れます。ご迷惑をおかけいたしますが、よろしくお願いいたします。

　なお、工事についてのお問い合わせ、ご要望等につきましては下記まで、ご連絡ください。

お問合せ先	中村建設（株）　渋谷町営業所	担当：木村・高島
	（月）～（金）　9:00～19:00 （土）～（日）　9:00～16:00	TEL： 03-7862-2212

模擬テスト

第5回
<ruby>第<rt>だい</rt></ruby> 5 <ruby>回<rt>かい</rt></ruby>

聴解
<ruby>聴解<rt>ちょうかい</rt></ruby>

（40ぷん）

問題1

問題1では、まず質問を聞いてください。それから話を聞いて、問題用紙の1から4の中から、最もよいものを一つえらんでください。

1ばん

1 出張しなければならない
2 写真を撮らなければならない
3 国松さんからカメラを預かっておかなければならない
4 山下さんと連絡しなければならない

2ばん

1 もっとしっかりしなければならない
2 もっと問題集をいっぱい解かなければならない
3 集中力を養わなければならない
4 もっといっぱい覚えなければならない

3ばん

1 うちわ　　　　2 せんぷうき　　3 こおり水　　　4 ドライヤー

4ばん

1 窓を全部閉めないといけない
2 洗濯物を取り入れないといけない
3 ペットに餌をやらないといけない
4 ジャガイモを取り入れないといけない

5ばん

1 指輪　　　　　2 花　　　　　　3 マフラー　　　4 ケーキ

6ばん

1 課長に岡田様の会社に電話するよう伝える
2 課長に岡田様の携帯に電話するよう伝える
3 課長に岡田様の電話番号を聞く
4 すぐ課長に電話をする

問題 2

　問題2では、まず質問を聞いてください。そのあと、問題用紙を見てください。読む時間があります。それから話を聞いて、問題用紙の1から4の中から、最もよいものを一つえらんでください。

1ばん
1 約束の時間をまちがえたから
2 仕事がおそく終わったから
3 道が込んでいたから
4 携帯電話を取りに帰ったから

2ばん
1 仕事の内容がおもしろいこと
2 家から近いこと
3 ざんぎょうがないこと
4 きゅうりょうが多いこと

3ばん
1 明るい色にする
2 ねだんを安くする
3 サイズをかえる
4 丈夫なざいりょうにする

4ばん
1 木曜日の朝10時
2 木曜日の午後2時
3 金曜日の朝10時
4 金曜日の午後2時

5ばん
1 前の家より静かなこと
2 部屋が広いこと
3 にわがあること
4 駅から近いこと

6ばん
1 晴れ
2 雨
3 雨時々曇り
4 曇り

問題 3

問題3では、問題用紙に何もいんさつされていません。この問題は、ぜんたいとしてどんなないようかを聞く問題です。話の前に質問はありません。まず話を聞いてください。それから、質問とせんたくしを聞いて、1から4の中から、最もよいものを一つえらんでください。

―メモ―

問題 4

問題4では、えを見ながら質問を聞いてください。やじるし（➡）の人は何と言いますか。1から3の中から、最もよいものを一つえらんでください。

1ばん

2ばん

模擬テスト第5回

3ばん

4ばん

問題 5

　問題5では、問題用紙に何もいんさつされていません。まず文を聞いてください。それから、そのへんじを聞いて、1から3の中から、最もよいものを一つえらんでください。

―メモ―

模擬テスト

第6回
<ruby>第<rt>だい</rt></ruby> 6 <ruby>回<rt>かい</rt></ruby>

げんごちしき（もじ・ごい）

（30ぷん）

問題1 ＿＿＿＿のことばの読み方として最もよいものを、1・2・3・4から一つえらびなさい。

1 今回の事件について、徹底的に調査すべきだ。

1 てつてい　　　2 てってい　　　3 てつそこ　　　4 てつぞこ

2 彼女は手紙を二つに破った。

1 かぶった　　　2 ゆずった　　　3 やぶった　　　4 のこった

3 田中さんの発表は午前10時からだ。

1 はつひょう　　2 はっひょう　　3 はっぴょう　　4 はつびょう

4 こちらの商品はすべて割引になっている。

1 わりひき　　　2 わきびき　　　3 わりびき　　　4 わきひき

5 足の裏が痒くてたまらない。

1 からくて　　　2 かゆくて　　　3 かたくて　　　4 わかくて

6 もうすぐ5月だ。旬の果物が次々と届く季節になる。

1 つづく　　　　2 とどく　　　　3 うごく　　　　4 ひらく

7 皆でプロジェクトの成功を祈って乾杯した。

1 かわはい　　　2 かんはい　　　3 かんばい　　　4 かんぱい

8 虫歯が痛くて眠れない。

1 むしは　　　　2 ちゅうは　　　3 ちゅうば　　　4 むしば

問題2 ＿＿＿＿のことばを漢字で書くとき、最もよいものを、1・2・3・4から一つえらびなさい。

9 駅のばいてんで新聞を買った。

1 商店　　　　　2 小店　　　　　3 売店　　　　　4 買店

10 まずは会場のようすをお伝えします。

1 模様　　　　　2 用紙　　　　　3 様子　　　　　4 用意

11 テントをたたむにはちょっとしたコツが要る。

1 畳む　　　　　2 叩む　　　　　3 包む　　　　　4 積む

12 しんやのいたずら電話に腹が立つ。

 1 深屋 2 真夜 3 深夜 4 真屋

13 コーヒーが濃すぎたので、お湯でうすめた。

 1 浅 2 薄 3 淡 4 軽

14 このあたりは高いビルが多い。

 1 周り 2 回り 3 帰り 4 辺り

問題3 （　　　　）に入れるのに最もよいものを、1・2・3・4から一つえらびなさい。

15 遠くて彼の声が(　　　　)聞こえない。

 1 はっきり 2 ぴったり 3 ぼんやり 4 かなり

16 兄弟の二人は、顔立ちが(　　　　)だ。

 1 ゆっくり 2 びっくり 3 そっくり 4 うっかり

17 上司のやり方が(　　　　)正しいとはかぎらない。

 1 かならず 2 必ずしも 3 すこしも 4 どんなに

18 忙しくても、生活の(　　　　)を崩さないように。

 1 ドレス 2 ダンス 3 リズム 4 センチ

19 園内の動物に食べ物を(　　　　)でください。

 1 くれない 2 たべないで 3 もらわない 4 あたえない

20 荷物を(　　　　)出発する。

 1 まとめて 2 ながめて 3 はなれて 4 はずれて

21 現状に(　　　　)すると、前に進めなくなる。

 1 不満 2 満員 3 満足 4 不足

22 今回のことで高い代価を(　　　　)。

 1 付った 2 払った 3 出した 4 支えた

23 ホテルで夕日が見える部屋を(　　　　)したが、空いていなかった。

 1 準備 2 希望 3 約束 4 決心

24 危ないから、子どもを川に(　　　　)ください。

 1 近づけないで 2 呼びかけないで

3　待ち合わせないで　　　　　　　　4　受け取らないで

25　父は、今年で定年(　　　　)を迎える。

1　辞職　　　　　　2　残業　　　　　　3　退職　　　　　4　失業

問題4　＿＿＿＿＿に意味が最も近いものを、1・2・3・4から一つえらびなさい。

26　家で遊んだほうがかえって楽しいかもしれない。

1　先に　　　　　　2　実に　　　　　　3　本当に　　　　4　逆に

27　冷たい人もいれば、優しい人もいる。

1　さむい　　　　　2　れいたんな　　　3　じょうひんな　4　こわい

28　どんなに離れていても、二人は永遠の友達だ。

1　いつのまにか　2　いつでも　　　　3　いつまでも　　4　いつか

29　日本料理を作って、外国の友人を自宅に招待する。

1　まねく　　　　　2　けずる　　　　　3　さがす　　　　4　うかぶ

30　勝つためには毎日の練習が必要だ。

1　トレーニング　2　インタビュー　3　アドバイス　　4　プラスチック

問題5　つぎのことばの使い方として最もよいものを、1・2・3・4から一つえらびなさい。

31　楽しむ

1　娘は父の楽しむ顔が見たいという。
2　昨日は一日読書を楽しんだ。
3　自然が変化に楽しむ姿を私たちに見せる。
4　日本人が楽しむ言葉は「頑張る」という言葉だ。

32　工夫

1　以前は算数が苦手でとても工夫していた。
2　おいしい料理を作るには工夫が必要だ。
3　最近の子どもは甘やかされて工夫を知らない。
4　夫は仕事が忙しく工夫も多い。

33　当たる

1　この蛍光灯は暗くなると、自動的に当たる。

2 夜空に星が当たっている。

3 左右を見てから当たりましょう。

4 日が当たる場所に洗濯物を干した。

34 記事

1 この記事によると、日本に住む外国人が増えているそうだ。

2 会議が終わると、内容をまとめて記事するのがいい。

3 どういう記事で遅れてきたの？

4 家庭の記事で大学進学をあきらめた。

35 のんびり

1 会議にはのんびりした服装で出席する。

2 週末は田舎でのんびり過ごした。

3 子どもたちは質問にのんびりと答えた。

4 風邪薬を飲んだせいか、頭がのんびりしない。

模擬テスト

第 6 回

言語知識（文法）・読解

（70ぷん）

問題1　つぎの文の（　　　）に入れるのに最もよいものを、1・2・3・4から一つえらびなさい。

1　（講演会で）

司会者「ご質問がなければ、本日はこれ（　　　）終わらせていただきます。」

1　も　　　　　2　で　　　　　3　に　　　　　4　が

2　この公園では3月から花が咲き始めるが、4月に（　　　）のほうがもっとたくさん咲いて、いい景色になる。

1　入ったところ　　　　　　　　2　入ってから

3　入ったまま　　　　　　　　　4　入ってはじめて

3　山田教授は長年この研究を続けてきて、今年になって（　　　）成功した。

1　ついに　　　　2　ずっと　　　　3　いつか　　　　4　今にも

4　締切りまであと一週間しかない。のんびりし（　　　）。

1　てもかまわない　　　　　　　2　てはすまない

3　てはたまらない　　　　　　　4　てはいられない

5　（大学で）

先生「例の問題ですが、どうなりましたか。」

学生「今回は鈴木先生に力を貸していただいた（　　　）、無事に解決しました。」

1　上で　　　　　2　としても　　　　3　おかげで　　　　4　きり

6　国籍や性別（　　　）差別は許せない。

1　までの　　　　2　による　　　　3　のような　　　　4　とする

7　この会社は、女性の働きやすさ（　　　）評価できるが、管理職にはまだまだ女性が少ない。

1　というのは　　　　　　　　　2　にとっては

3　によっては　　　　　　　　　4　という点では

8　子どもの頃、テストの成績が悪くてよく母に（　　　）。

1　叱ることだ　　　　　　　　　2　叱らせたものだ

3　叱られることだ　　　　　　　4　叱られたものだ

9　妹は母に買って（　　　）ワンピースを着てデートに出かけた。

1 あげた 2 くれた 3 さしあげた 4 もらった

10 古い電車の車両を再利用してレストランを開くとは、なんてすばらしいアイディ
ア(　　　　)。

1 かもしれない 2 ではないだろうか

3 なんじゃない 4 なんだろう

11 こんな難しい作業が、素人の私にできる(　　　　)。

1 はずだ 2 はずがない

3 わけではない 4 というわけだ

12 A「社長、何をお飲みに(　　　　)か。」

B「じゃ、コーヒーで。」

1 です 2 いたします 3 なります 4 いただきます

13 A「ちょっと(　　　　)ますが、東京駅へはどう行ったらいいでしょうか。」

B「この道をまっすぐ行って、交差点を右に曲がってください。」

1 うかがい 2 お目にかかり

3 頂戴し 4 かしこまり

問題2　つぎの文の　★　に入る最もよいものを、1・2・3・4から一つえらびなさい。

（問題例）

つくえの ＿＿＿＿ ＿＿＿＿ ＿★＿ ＿＿＿＿ あります。

1 が 2 に 3 上 4 ペン

（解答のしかた）

1. 正しい答えはこうなります。

つくえの ＿＿＿＿ ＿＿＿＿ ＿★＿ ＿＿＿＿ あります。
3上　　　2に　　　4ペン　　　1が

2. ＿★＿ に入る番号を解答用紙にマークします。

（解答用紙）　（例）　① ② ③ ●

----

14 A「辞書を ＿＿＿＿ ＿＿＿＿ ＿★＿ ＿＿＿＿ ことができますか。」

B「ええ、大丈夫です。」

1　日本語の　　　　2　読む　　　　3　使わずに　　　　4　小説を

16　この会社には ＿＿＿＿ ＿＿＿＿ ＿★＿ ＿＿＿＿ が多くて、いつも活気に溢れている。

1　中心　　　　2　20代を　　　　3　とした　　　　4　若者

16　(大学で)

「内田先輩、私のレポートに間違いがないかを確認していただけませんか。木曜日 ＿＿＿＿ ＿＿＿＿ ＿★＿ ＿＿＿＿、お願いします。」

1　いい　　　　2　から　　　　3　まで　　　　4　で

17　コンタクトレンズや ＿＿＿＿ ＿＿＿＿ ＿★＿ ＿＿＿＿ の結果をまとめた。

1　眼鏡　　　　　　　　　　　2　アンケート調査

3　に関する　　　　　　　　　4　の使用

18　一日中部屋 ＿＿＿＿ ＿＿＿＿ ＿★＿ ＿＿＿＿ とは限らない。

1　効率が　　　　2　にこもって　　　　3　いい　　　　4　仕事しても

問題3　つぎの文章を読んで、文章全体の内容を考えて、 19 から 23 の中に入る最もよいものを、1・2・3・4から一つえらびなさい。

以下は留学生の作文です。

ペットボトルのリサイクル

マティス　プレスコット

　私が住んでいるマンションには冷蔵庫があります。飲み物はいつも大きなペットボトルで買ってきて、冷蔵庫に 19 。飲み終わったらそのペットボトルをごみ箱に入れて、回収日になると捨てます。

　先週の授業で、先生は今リサイクルのために、ペットボトルを普通のごみとは別に集めている地域が多いと言いました。ある調査によれば、8割の人がリサイクルに出しているそうです。 20 、リサイクルされて、何に利用されているでしょうか。私は、それについてネットで調べてみたら、いろいろな情報が出てきました。たとえば、ペットボトルはビンと違って、洗ってもう一度使われる 21 。実は、衣類や文房具などの素材、原料になっているのです。つまり、まったく姿を変えて、別の商品になってお店で売られているのです。しかし、周りの人に「リサイクルされたペットボ

トルが別の商品になったことを知っていますか」と聞いてみると、 22 と答えた人はあまりいませんでした。

　ペットボトルのリサイクルについて、もっと多くの人に知ってもらいたいです。そして、私はこれから、日常生活でできるだけリサイクル製品を 23 。

19

1　入っています　　　　　　　　2　入ってきます

3　入れておきます　　　　　　　4　入れてあります

20

1　それでは　　　2　もちろん　　　3　たとえば　　　4　そのほか

21

1　というのです　　　　　　　　2　ということになります

3　ということです　　　　　　　4　ということはありません

22

1　知らない　　　　　　　　　　2　知っている

3　わからない　　　　　　　　　4　わかっている

23

1　買うようにします　　　　　　2　買わないようにします

3　買うことになりました　　　　4　買ったことがあります

問題4　つぎの(1)から(4)の文章を読んで、質問に答えなさい。答えは、1・2・3・4から最もよいものを一つえらびなさい。

（1）

　これは、黄さんがある会社に書いたメールである。

森島商事株式会社　人事部御中

はじめまして。

私は、立川大学4年生のコウ・ケンコクと申します。

経済学部で国際貿易を専攻しております。

御社のホームページを拝見し、10月に開催される会社説明会に

ぜひ参加させていただきたいのですが、どのような手続きが

必要でしょうか。

詳しく教えていただければ、幸いです。

お返事、お待ちしております。

どうぞ、よろしくお願いいたします。

****

立川大学　経済学部

コウ・ケンコク（黄　建国）

Hjg0317@tachikawa.ac.jp

****

24 このEメールについて、正しいものはどれか。

1　コウさんは、森島商事に興味を持っている。

2　コウさんは、卒業後国際貿易の仕事をするつもりだ。

3　森島商事は、コウさんに会社説明会に参加してほしい。

4　森島商事は、コウさんに会社説明会の手続きを知らせている。

（2）

　これは、花火大会のボランティアを募集するお知らせである。

第13回　東山市花火大会
大会当日のボランティアを大募集！

日　　時：7月22日（土）午後2時～10時終了予定

場　　所：佐戸川沿い

内　　容：救護、受付でのチケット確認、迷子の案内、ごみ清掃など

募集人数：約200人

応募期間：4月19日（水）～5月17日（水）

　　　　　お願いする具体的な内容は、6月中旬に郵送でお知らせいたします。

応募できる方：

　　　・東山市民で18歳以上の方

　　　・大会当日の午前10時からの説明会に参加できる方

　　　（特に、花火大会を手伝った経験がある方は大歓迎です。）

模擬テスト第6回

応募方法：花火実行委員会ホームページからお願いします。ホームページが見られない方は、市民活動課窓口でも受付をいたします。

東山市市民活動課花火実行委員会

http：//higasiyama-shi.co.jp

メール：hanabi@higasiyamamail.co.jp

---

25 お知らせの内容に合っているのはどれか。

1 応募は、4月19日までに花火実行委員会ホームページでしなければならない。

2 応募した人がどんなことを手伝うかは、当日にならないとわからない。

3 大会当日の午前の説明会に参加できない人は応募できない。

4 花火大会を手伝ったことがある人しか応募できない。

（3）

　現代では、各国がそれぞれの問題を抱えている。それらの問題は、国によって様々である。しかし、一つだけ、どこの国でも考えなければならない問題がある。それは、環境問題である。この問題は、一つの国だけの問題ではなく、全世界の国々の問題なのである。今の時点で、地球全体に影響をおよぼすさまざまな環境問題が起こっている。たとえば、酸性雨、砂漠化、オゾン層の破壊、そして温暖化。ここに挙げた以外にも、問題は数多くあるであろう。

26 この文章で筆者が一番言いたいことはどれか。

1 世界各国が面している問題は異なっている。

2 環境問題は世界共通の問題である。

3 環境問題を解決するには時間がかかる。

4 国や地域によって、環境問題の課題が違う。

（4）

　「今度、ぜひ家へ遊びに来てください！」という台詞を、初めて日本人の友達の口から聞いたときは、とてもうれしかった。そして、その人の家の近くに行って、すぐ彼に電話した。すると、「何のご用ですか？」と、意外な答えが返ってきた。「うそ！」と、私は心の中で叫んだ。当然、その人には会えなかった。あの時のあの言葉は、ただの社交辞令だったのだ。その後、私もようやくわかってきた。だから日本人と約束するときは、必ず「本当ですか？いつがいいですか？」と聞くようにしている。

27 本文の内容と合っているものはどれか。

1 私は日本人の友達に騙されて、彼の家まで行った。

2 日本人の友達は私を家に招待した。

3 日本人の友達は私を本気で誘うつもりはなかった。

4 日本人と約束するとき、あらかじめ時間を決めたほうがいい。

問題5 つぎの(1)と(2)の文章を読んで、質問に答えなさい。答えは、1・2・3・4から最もよいものを一つえらびなさい。

(1)

　料理を作りたい。でも、「お米はどうやってとぐの?」「ニンジンの皮は食べられるの?」「味噌汁は、いつ、味噌を入れたらいいの?」

　こんな簡単的なことも分からない。だけど、今さら人に聞くのは恥ずかしい。そんな悩みをお持ちの方、「料理以前」の疑問はこの一冊で解決できます。200の項目を写真、イラスト付きで説明。言葉では説明しにくい料理の手順やノウハウが一目でわかり、「読む」のが苦手な人にもぴったり。また、きれいな写真を見ているだけで、料理嫌いの人も料理が好きになるのでは?「結婚してはじめて料理を作るという方。また春から一人暮らしを始める若い方。そんな、料理を一から学ぼうという方たちを応援したい」と著者の丸山さん。プレゼントにもおすすめです。

28 この文章は、どんな目的で書かれたのか。

1 料理に関する一冊の本を紹介するため

2 料理が嫌いな人を料理好きにするため

3 文章を読むのが苦手の人にアドバイスするため

4 自分が好きな料理をほかの人に紹介するため

29 「『料理以前』の疑問はこの一冊で解決できます」とあるが、その意味として、正しいのはどれか。

1 普段料理を作るときの疑問はこの本を読むとわかる。

2 料理を作るときの難題はこの本が解決してくれる。

3 料理が得意ではない人に料理作りの基本をこの本が教えてくれる。

4 料理を作る前に確認すべきことがこの本にわかりやすく書いてある。

30 この本はどういう人に適しているか、文章の内容と合っているものはどれか。

1 和風だけでなく、世界各国の料理を勉強したい人

2　健康や美容に役に立つレシピを探している人

3　太り気味で、ダイエットにいい食事療法に興味のある人

4　あまり料理をしなかったが、これから作ってみようと思っている人

（2）

　人とは本来孤独なものである。一人で生まれ、一人で死んでいく。だからこそ寂しさが生まれ、それを埋めるために人は様々な方法を模索（もさく）するわけである。こうして①ディスコやパブ（注）が生まれ、パーティーが生まれたのだろう。

　しかし、時には「誰かと一緒にいても孤独が満たされない」そんな状態だってある。

　そんな時は、いっそ一人でいても同じなのではないか？一見、集団で楽しそうにしている人たちも、実は心の中で寂しがっていたりするかもしれない。

　誰かといるときに感じる孤独の方が、一人でいるときに感じる孤独よりもつらい。大都会で暮らす人たちは、意外にそのことをよくわかっているのかもしれない。②それがわかったとき、取るべき行動は二つに分かれる。③過剰に甘えるか、孤独を貫（つらぬ）き通（とお）すかである。前者を選ぶ人は、他人とのより近い距離感を求め、ベタベタと甘えるしぐさが多いように思えるのである。

（注）パブ：大衆的なバー、現代風の居酒屋

31　①「ディスコやパブが生まれ、パーティーが生まれた」とあるが、筆者によれば、人々はなぜディスコやパブ、そしてパーティーに行くのか。

1　寂しさを解消したいから

2　一人でいるより、集団の中にいるほうがもっと楽しいから

3　新しい友だちを作りたいから

4　寂しさが怖くて、新しい刺激を求めたいから

32　②「それがわかったとき」とあるが、「それ」とは何を指しているか。

1　孤独感がなかなか埋められないということ

2　皆と一緒にいるときの孤独がもっとつらいということ

3　大都会に暮らすときの孤独感

4　寂しさは自分の心から生まれたものだということ

33　③「過剰に甘える」とあるが、その説明として、正しいのはどれか。

1　大勢の人の集まりに参加すること

2　過剰な物質を求めること

3　他人に頼ってしまうこと

4　他人と距離をおくこと

問題6　つぎの手紙を読んで、質問に答えなさい。答えは、1・2・3・4から最もよいものを
　　　　一つえらびなさい。

ジュリアさん

　お元気ですか。私は今カナダに来ています。

A 初めての海外滞在で、はじめは緊張したけれど、今はもうすっかり慣れました。そ
れどころか、日本へ帰るのがいやになってしまうほど、カナダの生活が気に入って
しまいました。

B 毎日、午前中は大学の授業に出席し、午後はスポーツや施設見学などのアクティビ
ティーに参加しています。日本にいる時よりずっと忙しい生活をしています。

C でも、帰国しないわけにはいきません。研修もいよいよあと一週間です。悔いのな
いように、勉強も遊びもがんばろうと思っています。

D 2カ月間の海外英語研修に参加するためです。カナダでのんびりしていると思うか
もしれませんが、そんなことはありません。

　日本へ帰ったら、連絡しますね。お土産、楽しみにしていてください。

　では、お元気で。

田中良子

34　手紙の順序として、正しいのはどれか。

　　1　B－C－D－A

　　2　D－B－A－C

　　3　B－D－C－A

　　4　D－A－B－C

35　手紙の中で言っていないことはどれか。

　　1　カナダに来た目的　　　　　　2　カナダでの生活

　　3　日本に到着する日時　　　　　4　研修が終わる時間

36　手紙の内容と合っているものはどれか。

　　1　ジュリアさんと田中さんはカナダで知り合った友達である。

　　2　田中さんは一週間後日本に帰国する予定である。

　　3　カナダに滞在中、田中さんは授業に参加すると同時に、アルバイトもしている。

　　4　田中さんは英語研修活動に参加しているため、今はまだカナダに滞在している。

37　手紙をもらったジュリアさんはこれからすることとして、正しいのはどれか。

1　日本のお土産を買って、田中さんに送る。

2　大学に行って、海外英語研修を応募する。

3　田中さんの帰国時間を確認し、空港に出迎えに行く。

4　田中さんからの連絡を待つ。

問題7　つぎのページは、旅行会社の案内である。これを読んで、下の質問に答えなさい。答えは、1・2・3・4から最もよいものを一つえらびなさい。

38　高速バスに乗る時の注意事項の中に言っていないことはどれか。

1　タバコを吸わないこと

2　シートベルトを締めること

3　携帯電話の電源を切ること

4　危険物を持たないこと

39　注意事項の説明によれば、どんな場合に乗客に運賃を払い戻すか。

1　高速道路の渋滞により、バスの到着時間が遅れる場合

2　乗客がバスの出発時間に間に合わない場合

3　大雨によりバスが時刻どおりに運行できない場合

4　大雪により、運行が中止される場合

高速バス注意事項

喫　煙
バス車内はトイレも含め全面禁煙となっております。

シートベルト
着席時はシートベルトをお締めください。

携帯電話の使用
携帯電話はマナーモードに設定の上、通話はご遠慮ください。

持ち込めない荷物
危険物等を持ち込むことはできません。

バスが遅れた場合

高速バスは、天気などの原因で遅延した場合、運賃の払い戻しはいたしません。また、お客様ご自身が手配された接続交通機関や宿泊施設等の補償も一切いたしません。

運行不能となり途中で運転を打ち切った場合には、お支払いいただいた運賃は全額払い戻しいたします。

JTD 旅行会社

模擬テスト

第6回

聴解

（40ぷん）

問題1

問題1では、まず質問を聞いてください。それから 話 を聞いて、問題用紙の1から4の中から、最 もよいものを一つえらんでください。

1ばん

1 本店に買いに行く
2 売り切れとなっているので、買うのをやめる
3 店の名前と連絡先を写して帰る
4 店から連絡が来るのを待つ

2ばん

1 写真を撮りに行く
2 レポートを出しに行く
3 図書館に行く
4 学生課に行く

3ばん

1 ドレッシングを買いに行く
2 ドレッシングを作る
3 冷蔵庫からサラダを出す
4 グラスを洗う

4ばん

1 歌を歌う
2 バイオリンを弾く
3 ピアノを弾く
4 ギターを弾く

5ばん

1 課の皆にメールで連絡する
2 歓迎会を開く
3 みんなの予定を聞く
4 新しい人を派遣する

6ばん

1 留学先にもって行く
2 そのまま捨てる
3 人にあげる

4　中古屋に出す

問題2
　問題2では、まず質問を聞いてください。そのあと、問題用紙を見てください。読む時間があります。それから話を聞いて、問題用紙の1から4の中から、最もよいものを一つえらんでください。

1ばん
1　賞金を得るため　　　　　　　　2　夢を買うため
3　ストレス解消のため　　　　　　4　遊びのつもり

2ばん
1　遅くまでざんぎょうしたから
2　子どもがないたから
3　エアコンがこわれたから
4　コーヒーをのみすぎたから

3ばん
1　安定している会社
2　自分のやりたいしごとができる会社
3　きゅうりょうが高い会社
4　働きがいがある会社

4ばん
1　体の具合が悪いから
2　母がお弁当を作ってくれたから
3　自分で作ってきたから
4　昼ご飯を買ってきたから

5ばん
1　スポーツクラブに通うこと
2　公園でジョギングをすること
3　ご飯をきちんと食べること
4　夜早く寝ること

6ばん
1　およぐこと　　　　　　　　　　2　自転車に乗ること
3　食事をすること　　　　　　　　4　コーヒーを飲むこと

問題 3

問題3では、問題用紙に何もいんさつされていません。この問題は、ぜんたいとしてどんなないようかを聞く問題です。話の前に質問はありません。まず話を聞いてください。それから、質問とせんたくしを聞いて、1から4の中から、最もよいものを一つえらんでください。

—メモ—

問題 4

問題4では、えを見ながら質問を聞いてください。やじるし（➡）の人は何と言いますか。1から3の中から、最もよいものを一つえらんでください。

1ばん

2ばん

3ばん

4ばん

問題5

　問題5では、問題用紙に何もいんさつされていません。まず文を聞いてください。それから、そのへんじを聞いて、1から3の中から、最もよいものを一つえらんでください。

―メモ―

模擬テスト

第7回

げんごちしき（もじ・ごい）

（30ぷん）

問題1 ＿＿＿＿のことばの読み方として最もよいものを、1・2・3・4から一つえらびなさい。

1 田中さんは「天気博士」と呼ばれている。

1 ひろし 2 はかせ 3 ばくし 4 ひろじ

2 生活に役立つ情報を提供する。

1 やくたつ 2 やくだつ 3 えきたつ 4 えきだつ

3 空には数えきれない星がある。

1 かずえ 2 かぞえ 3 すうえ 4 おぼえ

4 4月1日から新学期が始まる。

1 がき 2 かっき 3 かぎ 4 がっき

5 熱があるのか、彼は真っ赤な顔をしている。

1 まっか 2 まっしろ 3 まっくろ 4 まっさお

6 切符は窓口でご購入ください。

1 まどくち 2 まとぐち 3 まどぐち 4 まとくち

7 このチョコレートはちょっと苦い味がする。

1 ぬるい 2 からい 3 にがい 4 きよい

8 兄は腕のいい大工だ。

1 だいこう 2 だいく 3 たいこう 4 たいく

問題2 ＿＿＿＿のことばを漢字で書くとき、最もよいものを、1・2・3・4から一つえらびなさい。

9 仕事の関係で、来週から北京へしゅっちょうすることになった。

1 主張 2 主長 3 出張 4 出帳

10 ここ2週間、晴れの日がつづいている。

1 続いて 2 持いて 3 直いて 4 接いて

11 わかりやすく、ていねいに説明する。

1 定寧 2 丁寧 3 低寧 4 亭寧

12 三つの方法で<u>しらべる</u>ことができる。

　　1　尋べる　　　　　2　調べる　　　　　3　並べる　　　　　4　述べる

13 バラの<u>かおり</u>がする。

　　1　香り　　　　　　2　匂り　　　　　　3　味り　　　　　　4　飾り

14 <u>やさい</u>ジュースの作り方を教えてください。

　　1　素材　　　　　　2　蔬菜　　　　　　3　野菜　　　　　　4　素菜

問題3　（　　　　）に入れるのに最もよいものを、1・2・3・4から一つえらびなさい。

15 彼は（　　　　）の実業家だ。

　　1　どんどん　　　　2　とうとう　　　　3　なかなか　　　　4　にこにこ

16 この本は他の本よりも（　　　　）おもしろい。

　　1　やっと　　　　　2　じっと　　　　　3　そっと　　　　　4　ずっと

17 去年の服が（　　　　）なった。ダイエットしないと…。

　　1　ゆるく　　　　　2　きつく　　　　　3　つらく　　　　　4　くらく

18 こちらのDVDは、（　　　　）な値段で購入できる。

　　1　手軽　　　　　　2　適当　　　　　　3　適度　　　　　　4　手頃

19 彼に心を込めて編んだ（　　　　）をプレゼントした。

　　1　サンプル　　　　2　マスター　　　　3　セーター　　　　4　マスク

20 （　　　　）をして学校に遅れてしまった。

　　1　仮眠　　　　　　2　睡眠　　　　　　3　寝息　　　　　　4　寝坊

21 この時計は古いが、とても（　　　　）いる。

　　1　気に入って　　　2　似合って　　　　3　好んで　　　　　4　流行って

22 昨年に（　　　　）と、今年の就職状況は厳しい。

　　1　きめる　　　　　2　くわえる　　　　3　くらべる　　　　4　すすめる

23 カードの（　　　　）が切れそうだ。

　　1　期限　　　　　　2　費用　　　　　　3　金額　　　　　　4　番号

24 今日の飲み会は、みんなで（　　　　）にしよう。

　　1　割り勘　　　　　2　割り算　　　　　3　当番　　　　　　4　順番

25 来月の次の月は(　　　　)だ。

1　再来月　　　　　2　来々月　　　　　3　先月　　　　　4　先々月

問題4　_____に意味が最も近いものを、1・2・3・4から一つえらびなさい。

26 忙しくても、せめて自分の部屋を片付けてください。

1　少なくとも　　　2　たいして　　　　3　けっして　　　　4　やがて

27 近くにコンビニができて、いつでも買い物ができるのはありがたい。

1　なつかしい　　　2　うれしい　　　　3　ばかばかしい　　4　もったいない

28 2,000人の会場にわずか100人しか集まらなかった。

1　どうか　　　　　2　または　　　　　3　たった　　　　　4　とくに

29 事故を防止するには、対策が必要だ。

1　いそぐ　　　　　2　かつぐ　　　　　3　ふせぐ　　　　　4　およぐ

30 機会をつかむことによって、人生が大きく変わる。

1　アイデア　　　　2　アクセント　　　3　スピーチ　　　　4　チャンス

問題5　つぎのことばの使い方として最もよいものを、1・2・3・4から一つえらびなさい。

31 並べる

1　今回の強盗事件が新聞に並べてある。
2　この品は二つに並べることができる。
3　駅前にはたくさんの高層ビルが並べている。
4　食卓におかずが並べてある。

32 夢中

1　最近携帯ゲームに夢中になっている。
2　風邪を引いて、試験に夢中できなかった。
3　好きな人に話ができて、夢中の気持ちだ。
4　このヘアスタイルは若者に夢中だ。

33 超える

1　四年間はあっという間に超えていった。
2　何度も実験し、商品の性能を超える。

3 昨日最高気温が35度を超えた。

4 寒いのでストーブをつけて温度を超えた。

34 発達

1 太郎はテニスの発達が早い。

2 日本は交通機関が発達している。

3 仏教はアジア各地で発達した。

4 冷夏が続き、米が十分に発達できない。

35 ざっと

1 子どもたちはざっと料理を食べ始めた。

2 近所の人にざっとあいさつをしなさい。

3 時間がないので、ざっと説明した。

4 彼はざっとうそをついた。

模擬テスト

第7回

<ruby>第<rt>だい</rt></ruby> 7 <ruby>回<rt>かい</rt></ruby>

<ruby>言語知識<rt>げんごちしき</rt></ruby>（<ruby>文法<rt>ぶんぽう</rt></ruby>）・<ruby>読解<rt>どっかい</rt></ruby>

（70ぷん）

問題1　つぎの文の（　　　　　）に入れるのに最もよいものを、1・2・3・4から一つえらびなさい。

1　2010年の万博は中国の上海（　　　　　）行われた。
  1　について　　　2　において　　　3　にしても　　　4　にかわって

2　A「あと一週間で夏休みですね。」
  B「そうですね。一学期がもうすぐ終わ（　　　　　）んですね。」
  1　ろうと思う　　　　　　　　　2　ろうにする
  3　ろうとしている　　　　　　　4　ろうになる

3　出張のついでに高校時代の友だちに会いたかったが、スケジュールが詰まっていて（　　　　　）会えなかった。
  1　けっして　　　2　そんなに　　　3　ようやく　　　4　とうとう

4　思春期に入ると、反抗心が強くなって、親にだめと（　　　　　）言われるほど、やりたくなる子どもがいる。
  1　言えば　　　　2　言わせれば　　　3　言われれば　　　4　言っては

5　（　　　　　）両親に反対されても、日本へ留学に行きたい。
  1　たとえば　　　2　たとえ　　　3　なかなか　　　4　必ずしも

6　どうして毎日アルバイトをしている（　　　　　）、お金を貯めて留学に行きたいからだ。
  1　かというと　　　2　というのは　　　3　からいうと　　　4　かどうか

7　スーパーから何か飲み物を買ってくる（　　　　　）、彼女一人でもできるだろう。
  1　ためには　　　2　だけなら　　　3　上に　　　　　4　ことから

8　昨日、みんなの前で歌を歌った。少し緊張したが、歌詞を（　　　　　）。
  1　忘れたかった　　　　　　　　2　忘れなくてよかった
  3　忘れるといい　　　　　　　　4　忘れてよかった

9　試験に合格するかどうかは、君自身（　　　　　）。
  1　による　　　　2　にきまる　　　3　にする　　　4　におわる

10　家の近くの公園は小さくて、幼稚園児を遊ばせる（　　　　　）できない。
  1　しかくらい　　　2　くらいしか　　　3　しかほど　　　4　ほどしか

11 A「昨日、駅の近くで首相に(　　　　　)ましたよ。」

B「選挙期間中で、街頭演説してたでしょ。」

1　お目にかかり　　　　　　　　　2　お目にかけ

3　ご覧になり　　　　　　　　　　4　ご覧ください

12 ドアには「関係者以外は立ち入り禁止」と(　　　　　)、ドアを開けて入ってくる人

がしばしばいる。

1　書いておいたので　　　　　　　2　書いてあるのに

3　書いているので　　　　　　　　4　書いてしまったのに

13 もし、お時間があれば、ぜひ(　　　　　)。

1　参ってください　　　　　　　　2　頂戴してください

3　お参りください　　　　　　　　4　お越しください

問題2　つぎの文の＿＿★＿＿に入る最もよいものを、1・2・3・4から一つえらびなさい。

- -

（問題例）

つくえの ＿＿＿＿＿ ＿＿＿＿＿ ＿＿★＿＿ ＿＿＿＿＿ あります。

1　が　　　　　　2　に　　　　　　3　上　　　　　4　ペン

（解答のしかた）

1. 正しい答えはこうなります。

つくえの ＿＿＿＿＿	＿＿＿＿＿	＿＿★＿＿	＿＿＿＿＿	あります。
3上	2に	4ペン	1が	

2. ＿＿★＿＿に入る番号を解答用紙にマークします。

（解答用紙）　（例）　①　②　③　●

- -

14 A「山田さんはピアノも ＿＿＿＿＿ ＿＿＿＿＿ ＿＿★＿＿ ＿＿＿＿＿ そうですね。」

B「へえー、すごいですね。」

1　ダンス　　　　2　弾けるし　　　　3　も　　　　4　上手だ

15 彼女はどんなに ＿＿＿＿＿ ＿＿＿＿＿ ＿＿★＿＿ ＿＿＿＿＿ 口に出さない。

1　絶対　　　　　2　つらい　　　　　3　あっても　　　4　ことが

16 （同窓会で）

「せっかくみんなが ＿＿＿＿ ＿＿＿＿ ＿★＿ ＿＿＿＿、記念写真を撮ろうか。」

1 集まって　　　　2 から　　　　3 くれた　　　　4 こうやって

17 彼女は ＿＿＿＿ ＿＿＿＿ ＿★＿ ＿＿＿＿ 上手に話せる。

1 フランス語や　　　　　　　　　2 英語
3 スペイン語も　　　　　　　　　4 ばかりでなく

18 ネットで洗剤（せんざい）を注文したら、送料（そうりょう）がずいぶん高くなっていて、＿＿＿＿

＿＿＿＿ ＿★＿ ＿＿＿＿ 納得がいかない。

1 騙された　　2 感覚（かんかく）で　　3 どうしても　　4 みたいな

問題3　つぎの文章（ぶんしょう）を読んで、文章全体（ぶんしょうぜんたい）の内容（ないよう）を考えて、 19 から 23 の中に入る最もよいものを、1・2・3・4から一つえらびなさい。

以下は留学生（りゅうがくせい）の作文です。

花見

ジョン　ベタニー

　日本に来てはじめての春、おもしろかったのは花見という習慣（しゅうかん）でした。もちろん私の国 19 、花を見て、みんなで楽しみますが、日本のようにさくらという特別な花のための特別な習慣はありません。

　でも、いちばん驚いたのは特別な習慣があることではなくて、2月の終わり頃から、4月のはじめまで、天気予報やニュースでも花見について「東京では20日頃咲き始めます」「今日、桜が咲きました」「次の日曜日が花見にいいですよ」などと 20 。友だちの吉田さんは、花見の季節になると、毎日のようにテレビでその情報をチェックしているようです。

　私も友だちと5人で一緒に花見をしたことがあります。学校の近くの公園に行ったのですが、天気予報をチェックして、誰かに花見の場所を確保（かくほ）してもらって、朝からいろいろ忙しかったです。日本の花見では 21 、みんなでお弁当を食べたりしゃべったりしてにぎやかに騒ぐほうが大事なようです。騒ぐことなら 22 のに、どうしてほかの花のときは騒がないのでしょう。

　でも、みんなで一緒に過ごしたその一日は、とても楽しかったです。そして、来年も一緒に花見に 23 約束をしました。

19

1 だけが　　　　2 には　　　　　3 でも　　　　　4 ぐらい

20

1 教えてあげるものです　　　　2 教えてくださることです
3 教えてもらうものです　　　　4 教えてくれることです

21

1 花を見るより　　　　　2 花を見るには
3 花を見るときに　　　　4 花を見ることに

22

1 いつもしている　　　　2 いつでもできる
3 いつかできる　　　　　4 いつできるか

23

1 行ったから　　2 行くなら　　3 行きたがって　　4 行こうと

問題4 つぎの(1)から(4)の文章を読んで、質問に答えなさい。答えは、1・2・3・4から最もよいものを一つえらびなさい。

（1）

ある会社の掲示板に、このお知らせがはってある。

「新入社員歓迎会」について

今年わが社には、7名の新入社員(男性4名、女性3名)が入社しました。

つきましては、5月10日（金）に歓迎会を行います。かわいい後輩たちと親睦を深め、どうぞ温かいエールを投げかけてあげてください。

記

1. 日時　5月10日（金）　18：30〜20：30
2. 会場　高級居酒屋「魚蔵」
　　　　港区新橋××幸ビル8階(地図別紙)
　　　　電話：03−3821−7723
3. 会費　3,000円
4. 幹事　営業部　松坂
　　　　総務部　前田

5月6日までに幹事に戻るように回覧してください。

名前							
出欠							

※署名（しょめい）と、出欠欄（しゅっけつらん）に○×でチェックをお願いします。

以上

---

24 この「歓迎会の回覧」の内容について、正しいのはどれか。

1 出席する人は、5月10日までに名前と○を書いて出す。

2 5月10日の新入社員の歓迎会には、全部で9人が参加する。

3 出席しない人は、5月6日までに名前と×を書いて出す。

4 5月10日までに、松坂さんに参加するかどうかを知らせる。

（2）

　結婚式は、結婚する二人のために行われるものです。近年、自分達が本当にお世話になった人を招待して行う小さな結婚式が注目されています。小さな結婚式と言っても少人数制というだけで、内容が薄くなるようなことはありません。挙式（きょしき）する場所もレストランを借りたりするなど、たくさんの招待客がいては味わうことができないアットホーム（注）な雰囲気で行われます。

（注）アットホーム：家庭的

25 本文の内容と合っているものはどれか。

1 結婚式はお世話になった人を招待して派手に行うべきだ。

2 近年、自宅で小さな結婚式を行うことが流行している。

3 小さな結婚式では、限られた数人しか参加できない。

4 アットホームな雰囲気が小さな結婚式の魅力である。

（3）

　海外旅行で、体調を崩すきっかけとなりやすいのが「食あたり」「食中毒」などです。日本のように水道の水が飲める国なんてほとんどありません。逆に言えば、汚れている水に対して、もっとも抵抗力が無い人種だと言えるわけです。現地の人が平気で飲んでいる水だとしても、日本人が飲んだらお腹を壊したというケースは数え切れません。だから、生水（なまみず）を飲むのは絶対にやめておきましょう。

— 143 —

26 この文章は何のために書かれたのか。

1 日本の水道水の特徴を説明するため

2 体調不良の原因を分析するため

3 海外旅行の注意事項を説明するため

4 体調を崩したときの対策を説明するため

（4）

これは、ある温泉旅館から西村さんに届いたメールである。

あて先：nisimura@136mail.com

件　　名：温泉旅館「良湯荘」料金割引のご案内

送信日時：5月15日　11:23

西村　加奈子　様

いつもご利用ありがとうございます。

7月1日から8月31日まで、良湯荘では、夏季期間（かき）キャンペーンを行います。

インターネットまたは電話で予約され、7月1日から8月31日までお泊まりの方は、1泊の料金を10％オフにし、ご朝食（ちょうしょく）を無料にいたします。

この割引をご利用になれるお部屋は一日3室だけですので、お早めにご予約ください。

なお、このサービスは、ファックスでご予約の場合はご利用いただけません。

ご予約を心よりお待ちしております。

良湯荘　お客様サービス係

---

27 このメールから、温泉旅館のサービスについて、どんなことがわかるか。

1 インターネットか電話で予約すると、1泊料金と朝食が1割引になる場合がある。

2 インターネットか電話で7月から8月までの間に予約すると、朝食が1割引になる場合がある。

3 インターネットか電話で予約し、7月から8月までの間に泊まると、1泊料金が1割引になり、朝食が無料になる場合がある。

4 インタネットか電話かファックスで予約すると、7月から8月までは朝食だけ無料になる場合がある。

問題 5 つぎの(1)と(2)の文章を読んで、質問に答えなさい。答えは、1・2・3・4から最もよいものを一つえらびなさい。

(1)

　ともかく正しいこと、しかも、100%正しいことを言うのが好きな人がいる。たとえば、非行少年に向かって「非行をやめなさい」とか、「先生の話を聞け」とかと忠告する。誰がいつどこで聞いても正しいことを言うので、言われた方としては、「はい」と答えるか、黙って聞いているか、そのほうが得策ということになる。

　もちろん、正しいことを言ってはいけないなどということはない。しかし、それはまず役に立たないことくらいは知っておくべきである。このあたりに忠告することの難しさ、面白さがある。「非行をやめなさい」などと言う前に、この子が非行をやめるにはどんなことが必要なのか、この子にとって今やれることは何かなどと、こちらがいろいろと考え、工夫しなければならない。

28　「このあたりに忠告することの難しさ、面白さがある」とあるが、文章によると、忠告することの難しさはどこにあるのか。

1　忠告しても聞いてくれる人はいないということ
2　正しい忠告であっても、あまり効果が出ないということ
3　子どもに対する忠告は言葉づかいに注意しなければならないこと
4　相手のために忠告するのに、かえって怒られてしまうということ

29　筆者によれば、役に立つ忠告はたとえばどんなことか。

1　タバコを吸っている人に、「タバコは健康を害する」と言う。
2　勉強嫌いの学生に「もっと勉強しなさい」と言う。
3　アルコール依存症の人に「お酒をやめなさい」と言う。
4　よく寝坊する人に「三つの目覚まし時計を付けたらどう」と言う。

30　この文章で、筆者が一番言いたいことは何か。

1　人の親切な忠告に対して、「はい」と答えたほうがいい。
2　正しい忠告は自分のためになるので、素直に聞いたほうがいい。
3　非行少年に正しい忠告をしても無駄である。
4　忠告は改善可能な具体策を示したほうが効果的だ。

(2)

　長期の仕事や計画はどう管理すればいいのだろうか。長期のプロジェクトを任された時は、一週間単位できちんとスケジュールを決めたほうがいい。特に社会人の場合に勧

めているのは、一週間でやらなくてはならない予定の勉強量や仕事量をはっきりさせて、それを五で割って計画を立てることだ。

なぜそうするかというと、五で割ったものを月曜日から金曜日までの予定に振り分けるためだ。そうやって一日単位の「日割りの仕事予定」を立てる。

社会人であれば当然、飲み会が入るとか、予定外の仕事が舞い込んできたりして、「日割り」した仕事をこなせない日も出てくる。そうした場合は、やり残した分を土曜日に片付けるようにする。

そして注意すべきなのは、長期の仕事や勉強の計画を立てる時のポイントは、「量」で目標を立てることにある。この仕事は一日何時間割り当てるというような「時間」で計画を立てることはあまり有効ではない。

[31] この文章では、長期の仕事や計画はどう管理すればいいと言っているか。

1 月曜日から土曜日までの仕事量を決めたほうがいい。

2 週を単位に毎日の仕事時間を決めたほうがいい。

3 週単位スケジュールで仕事を管理したほうがいい。

4 一週間ごとの仕事量を決めて、日曜日までに仕上げたほうがいい。

[32] この文章で、社会人は一週間のスケジュールをどう作ればいいと言っているか。

1 一週間の勉強量や仕事量を五等分し、毎日やる予定の数量を決める。

2 一週間の勉強量や仕事量を五等分し、毎日やる予定の時間を決める。

3 月曜日から金曜日までの「日割りの仕事予定」を細かく決める。

4 月曜日から金曜日までは仕事をできるだけこなし、土曜日は残された分をやる。

[33] 本文の内容と合っているものはどれか。

1 社会人は予定外の出来事が多いため、仕事はスケジュール通りに進まない。

2 社会人は土曜日も仕事をやらなければならない。

3 社会人は毎日のスケジュールをきちんと立てたほうがいい。

4 「時間」よりも「量」で仕事を割り当てたほうが効率的である。

問題6 つぎの文章を読んで、質問に答えなさい。答えは、1・2・3・4から最もよいものを一つえらびなさい。

イライラや、憂うつ、怒りっぽくなるなどの感情は何もストレスだけが原因ではない。ストレス以外に体の栄養バランスの乱れも大きく影響してくる。精神的なストレスは、気分転換や運動などでも解消できるが、栄養バランスの乱れはきちんとした食生活

が肝心だ。

　①空腹時は特にイライラしやすい。空腹により、集中力も散漫になり、学業、仕事にも影響してくるものだ。原因は脳の働きに必要不可欠なブドウ糖の不足である。ブドウ糖が不足すると脳の働きも鈍り、判断力、集中力等が低下する。そうすると、脳は攻撃性ホルモンのアドレナリンを分泌する。よって、空腹時はイライラするというわけだ。

　また、②ビタミンCが不足するとストレスを抱えやすくなる。人間がストレスを抱えたときに、体はストレスに対抗すべく副腎皮質ホルモンの分泌を促す。この副腎皮質ホルモンの原料にビタミンCが使われている。だからビタミンCが不足するとうまくストレスを解消できずに溜め込んでしまうというわけだ。

　そして、血液中に一定濃度で含まれている③カルシウムの濃度が減少すると神経がうまく働かなくなり、神経や感情のコントロールが乱れ、イライラの原因となる。だから血液中のカルシウム濃度が低下すると、精神的なバランスが乱れる恐れがある。その場合はカルシウムをいくらとっても仕方がないので、早く病院に行ったほうがいい。

34　①「空腹時は特にイライラしやすい」とあるが、その原因として、文章の内容と合っているものはどれか。

1　空腹時は、神経や感情が乱れているから

2　空腹時は、集中できなくなり、ミスをしやすいから

3　空腹時はブドウ糖が不足し、攻撃性のホルモンが分泌されるから

4　空腹時は判断力が低下し、自分の感情をコントロールできなくなるから

35　②「ビタミンCが不足するとストレスを抱えやすくなる」とあるが、その説明として正しいのはどれか。

1　ビタミンCが不足すると、副腎皮質が分泌され、ストレスが生じる。

2　ビタミンCが不足すると、副腎皮質の量が減り、ストレスを解消できなくなる。

3　ビタミンCが不足すると、ストレスの原因となる副腎皮質が分泌できなくなる。

4　ビタミンCが不足すると、ストレスを解消する副腎皮質が分泌できなくなる。

36　③「カルシウムの濃度」とあるが、その説明と合っているものはどれか。

1　感情をうまくコントロールできない人は、血液中のカルシウムの濃度が低い。

2　イライラの原因は血液中に含まれているカルシウムの過剰にある。

3　カルシウムの濃度が高くなると、神経の調節機能が乱れる恐れがある。

4　カルシウムの濃度が低くなると、感情や神経のコントロールに問題が生じる。

37 文章の内容と合っているものはどれか。

1 ブドウ糖とビタミンCは脳の働きに必要不可欠なものである。

2 ストレスがたまっているとき、カルシウムが含まれているジュースを飲むといい。

3 精神的なストレスを解消するには、栄養豊富な食事を取るのが一番だ。

4 栄養失調は感情の不安定を招く恐れもある。

問題7 つぎのページは、ハイキングの知らせである。これを読んで、下の質問に答えなさい。答えは、1・2・3・4から最もよいものを一つえらびなさい。

38 自分で用意するものとして、知らせの内容と合っているものはどれか。

1 雨具、飲み物、お弁当、帽子、健康保険証

2 健康保険証、雨具、飲み物、バッジ、地図

3 名簿、健康保険証、帽子、お弁当、地図

4 飲み物、雨具、お弁当、健康保険証

39 知らせの内容と合っているものはどれか。

1 雨が降った場合、ハイキングを中止する。

2 今回のハイキングは子どもしか参加できない。

3 ハイキングの時間は延びる可能性がある。

4 ハイキングの途中で休みを取らないことになっている。

春のハイキングを楽しみましょう

●日　時：令和3年5月1日（土）

●スタート受付　8:30〜11:00

●場　所：【スタート】名鉄「南加木屋駅」　【ゴール】「南加木屋駅」

●コース：緑あふれる公園へ行こう！あいち健康の森・げんきの郷コース

　★見どころ：緑があふれるあいち健康の森公園は、様々な施設があり、お子様から
　　　　　　　お年寄りまで楽しめます。

　★距　離：約12キロメートル

　★時　間：約3時間10分（ハイキングに慣れた方が休憩せずに歩いた時間です。
　　　　　　天候、体調、休憩や、施設の立ち寄りにより、表記の時間より長くなる
　　　　　　こともあります。）

　★持ち物について

　○　ハイキングに適した靴・服装でご参加ください。

　○　ハイキングに必要な持ち物（飲み物、お弁当、雨具）は各自でご用意ください。

　○　万一の場合に備え、健康保険証（コピーでも可）をお持ちください。

　○　各チームのリーダーはカメラや名簿、地図などを持参してください。

　★そのほか

　○　当日、帽子やバッジを配りますので、受付のところ
　　　でもらってください。

　○　天候の急変などで大会を中止する場合があります。

　○　雨天決行、ただし荒天中止。

　○　都合により、コースの内容を変更する
　　　場合があります。

模擬テスト

第7回

<ruby>第<rt>だい</rt></ruby> 7 <ruby>回<rt>かい</rt></ruby>

<ruby>聴解<rt>ちょうかい</rt></ruby>

（40ぷん）

問題 1

　問題1では、まず質問を聞いてください。それから話を聞いて、問題用紙の1から4の中から、最もよいものを一つえらんでください。

1ばん

1　タクシーを降りて、電話する
2　タクシーを拾いに行く
3　タクシー会社に電話を入れる
4　すぐタクシーに乗る

2ばん

1　コンセントを取ってくる
2　レシートを取ってくる
3　商品をほかの物に取り替える
4　電源がちゃんと入っているかどうか、チェックする

3ばん

1　観覧車の乗り場
2　お化け屋敷のところ
3　海賊船のところ
4　船を下りるところ

4ばん

1　ほかのアルバイトに電話する
2　ゆうびんきょくに行く
3　レジをやる
4　飲み物をたなにならべる

5ばん

1　お客さんをあんないする
2　お客さんにお茶をだす
3　資料をつくる
4　資料をコピーする

6ばん

1　田中さん　　　　2　吉田さん　　　　3　岡田さん　　　　4　佐藤さん

問題2

　問題2では、まず質問を聞いてください。そのあと、問題用紙を見てください。読む時間があります。それから話を聞いて、問題用紙の1から4の中から、最もよいものを一つえらんでください。

1ばん

1　徹夜したから

2　引っ越ししたから

3　友だちの引っ越しを手伝わされたから

4　遅くまで部屋の掃除をしたから

2ばん

1　会議をするから

2　出張に行ったから

3　友だちと食事をするから

4　大雨が降るから

3ばん

1　布団をちゃんとかけないで寝るから

2　髪をちゃんと乾かさないから

3　朝食をきちんと食べないから

4　ストレスを気にしすぎるから

4ばん

1　海外に留学するから

2　不景気で就職が難しいから

3　やりたいことが見つからないから

4　公務員試験の準備で忙しいから

5ばん

1　株で儲かったから

2　社長に褒められたから

3　息子が格好いいから

4　幼稚園の先生に息子が自分に似ていると言われたから

6ばん

1　飲酒運転

2　スピードの出しすぎ

3　スリップ
4　脇見運転

問題3

　問題3では、問題用紙に何もいんさつされていません。この問題は、ぜんたいとしてどんなないようかを聞く問題です。話の前に質問はありません。まず話を聞いてください。それから、質問とせんたくしを聞いて、1から4の中から、最もよいものを一つえらんでください。

―メモ―

問題4

　問題4では、えを見ながら質問を聞いてください。やじるし（➡）の人は何と言いますか。1から3の中から、最もよいものを一つえらんでください。

1ばん

2ばん

3ばん

4ばん

問題5

　問題5では、問題用紙に何もいんさつされていません。まず文を聞いてください。それから、そのへんじを聞いて、1から3の中から、最もよいものを一つえらんでください。

―メモ―

模擬テスト

第 8 回

だい　かい

げんごちしき（もじ・ごい）

（30ぷん）

問題 1　＿＿＿＿のことばの読み方として最もよいものを、1・2・3・4から一つえらびなさい。

1　重要な知らせは掲示板に貼ってある。

　　1　げいじ　　　　　2　けいじ　　　　　3　けいし　　　　　4　けいこ

2　募金の用途を明らかにする。

　　1　ようと　　　　　2　ようとう　　　　3　ようど　　　　　4　ようどう

3　世界平和を祈る。

　　1　いのる　　　　　2　かぎる　　　　　3　かぶる　　　　　4　いばる

4　花を飾ると、部屋が明るくなる。

　　1　かたる　　　　　2　しばる　　　　　3　しぼる　　　　　4　かざる

5　このあたりは家賃は高い。

　　1　やちん　　　　　2　いえちん　　　　3　やっちん　　　　4　うちじん

6　薄暗い部屋で勉強するのは目によくない。

　　1　うすあらい　　　2　うすぐらい　　　3　うすあんい　　　4　うすくらい

7　この小包を船便でお願いします。

　　1　こつづみ　　　　2　こづつみ　　　　3　しょうほう　　　4　しょうぼう

8　平凡な生活をしている。

　　1　へいぼん　　　　2　へいはん　　　　3　へいばん　　　　4　へいぽん

問題 2　＿＿＿＿のことばを漢字で書くとき、最もよいものを、1・2・3・4から一つえらびなさい。

9　毎日日本語の単語をおぼえる。

　　1　背える　　　　　2　記える　　　　　3　覚える　　　　　4　答える

10　車の事故による死亡者がきゅうげきに増加している。

　　1　急激　　　　　　2　急撃　　　　　　3　窮撃　　　　　　4　窮激

11　職場の上司や同僚にくばるのは「義理チョコ」だ。

　　1　贈る　　　　　　2　被る　　　　　　3　配る　　　　　　4　黙る

12 それは私の専門ぶんやではない。

    1　文野　　　　　　2　分屋　　　　　　3　分野　　　　　　4　文布

13 富士山のちょうじょうに立つ。

    1　頂場　　　　　　2　超城　　　　　　3　頂上　　　　　　4　超上

14 ちゅうこ車の販売を行っている。

    1　駐固　　　　　　2　中古　　　　　　3　中庫　　　　　　4　駐古

問題3　（　　　　）に入れるのに最もよいものを、1・2・3・4から一つえらびなさい。

15 そばもいいが、（　　　　　）ラーメンが食べたい。

    1　やっぱり　　　　2　すっきり　　　　3　びっくり　　　　4　すっかり

16 この映画に（　　　　）する主人公は普通の主婦だ。

    1　発生　　　　　　2　登場　　　　　　3　往復　　　　　　4　滞在

17 庭園には桜が（　　　　）に咲いている。

    1　貴重　　　　　　2　大事　　　　　　3　見事　　　　　　4　高貴

18 体の（　　　　）を崩して倒れた。

    1　ベテラン　　　　2　バランス　　　　3　ビタミン　　　　4　スリッパ

19 彼が早起きするなんて、（　　　　）ことだ。

    1　めずらしい　　　2　やわらかい　　　3　はずかしい　　　4　おそろしい

20 子どもを保育園に（　　　　）。

    1　とどける　　　　2　つづける　　　　3　おぼえる　　　　4　あずける

21 長い間、どうもお（　　　　）になりました。

    1　面倒　　　　　　2　手数　　　　　　3　迷惑　　　　　　4　世話

22 街で偶然、昔の友達を（　　　　）。

    1　見かけた　　　　2　見つけた　　　　3　見られた　　　　4　見上げた

23 荷物が多いので、タクシーを（　　　　）。

    1　乗った　　　　　2　呼んだ　　　　　3　誘った　　　　　4　座った

24 新しい生活に（　　　　）までは毎日大変だ。

    1　くれる　　　　　2　はなれる　　　　3　なれる　　　　　4　わかれる

25 妹は甘いものに( )がない。

1　頭　　　　　　　2　鼻　　　　　　　3　耳　　　　　　　4　目

問題4　＿＿＿＿に意味が最も近いものを、1・2・3・4から一つえらびなさい。

26 電話をかけたら、さっそく担当者がやってきた。

1　さっき　　　　2　すぐに　　　　　3　さらに　　　　　4　それに

27 あの先生は採点（さいてん）が甘い。

1　たのしくない　　　　　　　　　　2　きびしくない
3　からくない　　　　　　　　　　　4　よわくない

28 この白い線から外に出ると、アウトになる。

1　不正　　　　　2　失格　　　　　　3　不良　　　　　　4　失言

29 彼はずっと前からのしりあいだ。

1　親友　　　　　2　先輩　　　　　　3　知人　　　　　　4　後輩

30 上海のリニアモーターカーの最高速度（さいこう）は430キロだ。

1　スピード　　　2　スタート　　　　3　ストップ　　　　4　スケート

問題5　つぎのことばの使い方として最もよいものを、1・2・3・4から一つえらびなさい。

31 あきる

1　ゲームにあきた。しばらくやりたくない。
2　車で送ってもらって、やっとあきた。
3　疲れがあきて、体がうまく動かない。
4　入社3年目で仕事の能力があきてきた。

32 解決

1　物理のテストは難しかったが、解決した。
2　デジカメの故障を解決してもらった。
3　みんなで話し合って、問題を解決した。
4　アンケートの質問に解決して、景品（けいひん）をもらった。

33 通う

1　図書館に行く場合、必ずこの道を通う。

2　彼は働きながら夜間学校に通っている。

3　工事中だから人は通えない。

4　メガネをかけて新聞に目を通う。

[34]　質

1　この会社の製品は、質が落ちてきた。

2　この子は積極的な質で、いろんなことに挑戦する。

3　このイヌは質がいいので、飼いやすい。

4　この成分は水の溶けやすい質を持っている。

[35]　まるで

1　私はフランス語がまるでだめだ。

2　会社に入って、まるで五年が経った。

3　このドラマはまるでおもしろい。

4　私にとってまるですばらしい一年だった。

模擬テスト

第 8 回
（だい）（かい）

言語知識（文法）・読解
（げんごちしき）（ぶんぽう）（どっかい）

（70ぷん）

問題1　つぎの文の（　　　　）に入れるのに最もよいものを、1・2・3・4から一つえらびなさい。

1　年をとる（　　　　）、体力が弱まってきた。

　　1　かわりに　　　　2　にしても　　　　3　につれて　　　　4　としては

2　駅前の喫茶店を通ると、コーヒーの香り（　　　　）する。

　　1　を　　　　　　　2　が　　　　　　　3　に　　　　　　　4　も

3　A「昨日、駅を出たら急に雨が（　　　　）始めましたね。」

　　B「このところ天気が変わりやすいですね。」

　　1　降る　　　　　　2　降り　　　　　　3　降って　　　　　4　降ったり

4　このレポートは（　　　　）未完成ではあるが、前よりはよくなっている。

　　1　できれば　　　　2　だいたい　　　　3　確かに　　　　　4　ほとんど

5　何度も言い間違えた（　　　　）、彼女の緊張感が伝わってきた。

　　1　ことだから　　　2　ことから　　　　3　からみて　　　　4　からして

6　妻「ねえ、健太が今日学校に行かなかったらしいよ。」

　　夫「えっ、受験生なのに授業をサボる（　　　　）、ありえない。」

　　1　なんて　　　　　2　ほど　　　　　　3　っけ　　　　　　4　ことで

7　このレストランは駅から遠くて不便な（　　　　）、店員の対応も遅い。

　　1　ことに　　　　　2　ばかりでなく　3　だけでは　　　　4　ために

8　A「社長、明日両親が田舎から来るので、一日（　　　　）ませんか。」

　　B「うーん、忙しいけど、しょうがないな。」

　　1　休ませてください　　　　　　　　2　休ませてあげ

　　3　休ませてやり　　　　　　　　　　4　休ませていただけ

9　あの時何があった（　　　　）、それは本人にしかわからないだろう。

　　1　か　　　　　　　2　のに　　　　　　3　って　　　　　　4　ぐらい

10　A「あっ、しまった！財布を（　　　　）。」

　　B「大丈夫、貸してあげるよ。」

　　1　忘れなくきゃ　　　　　　　　　　2　忘れちゃった

　　3　忘れないでね　　　　　　　　　　4　忘れといた

11　私たちが食事を取ると、その栄養成分は胃や腸に（　　　　）、エネルギーに

なる。

1 吸収してあったが 　　　　　　　　2 吸収してきても

3 吸収された上は 　　　　　　　　　4 吸収されることで

12 A「明日、お客様が(　　　　　)ので、いつもより早めに出勤してください。」

B「はい、わかりました。」

1 まいる 　　　　　2 うかがう 　　　　3 おっしゃる 　　　4 いらっしゃる

13 期末テストが終わったら、好きな(　　　　　)遊びたい。

1 だけ 　　　　　　2 うえ 　　　　　　3 ほど 　　　　　　4 しか

問題2 　つぎの文の＿＿★＿＿に入る最もよいものを、1・2・3・4から一つえらびなさい。

(問題例)

つくえの ＿＿＿＿＿ ＿＿＿＿＿ ＿★＿＿ ＿＿＿＿＿ あります。

1 が 　　　　　　2 に 　　　　　　3 上 　　　　　　4 ペン

(解答のしかた)

1. 正しい答えはこうなります。

つくえの ＿＿＿＿＿ ＿＿＿＿＿ ＿★＿＿＿ ＿＿＿＿＿ あります。
3上 　　2に 　　4ペン 　　1が

2. ＿＿★＿＿に入る番号を解答用紙にマークします。

(解答用紙) (例) ① ② ③ ●

14 そんなに楽しいコンパなら、ぜひ ＿＿＿＿＿ ＿＿＿＿＿ ＿★＿＿ ＿＿＿＿＿

だな。

1 みたい 　　　　2 一度 　　　　　3 もの 　　　　　4 行って

15 3歳の愛ちゃんは ＿＿＿＿＿ ＿＿＿＿＿ ＿★＿＿ ＿＿＿＿＿ 泣き出す。

1 思い通りに 　　2 自分の 　　　　3 すぐ 　　　　　4 ならないと

16 吉村先輩は学校のことから ＿＿＿＿＿ ＿＿＿＿＿ ＿★＿＿ ＿＿＿＿＿、みんな

に信頼されている。

1 聞いてくれる 　　　　　　　　　　2 プライベートの相談まで

3　優しい人で　　　　　　　　4　どんな悩みも

17　彼は私に ＿＿＿＿ ＿＿＿＿ ★ ＿＿＿＿ くれた。

1　自分の　　　　　　2　ことを　　　　3　話して　　　　4　小さい時の

18　大手企業に就職した ＿＿＿＿ ＿＿＿＿ ★ ＿＿＿＿ でしょう。

1　辞めてしまう　　　　　　　　　　2　すぐに

3　としても　　　　　　　　　　　　4　彼の性格では

問題3　つぎの文章を読んで、文章全体の内容を考えて、| **19** |から| **23** |の中に
入る最もよいものを、1・2・3・4から一つえらびなさい。

以下は留学生の作文です。

レジで待つ時間

キム　ヒョク

　昨日、スーパーのレジでこんなことがありました。私は家の近くのスーパーで食パンを棚から取って、買い物かごに入れて、レジのところへ向かいました。それから、いちばん列が短いレジを見つけて並びました。でも、なかなか進みません。| **19** |、隣のレジで待っていた人はどんどん進んでいきました。それを見て、私は「ああ、隣のレジに| **20** |」と後悔しました。そして、「なぜこっちは全然進まないのだろう」と、いらいらしてしまいました。

　しかし、それで| **21** |時間を無駄にしたでしょうか。実際には、それは数分しかなかったです。びっくりしました。| **22** |、先週、好きな歌手のCDを発売日当日に買うために1時間半も並んでいたからです。好きなことをするためには、1時間でも2時間でも待つことができますが、他人のせいで待たされると、その時間が| **23** |。また、信号が目の前で赤になると、いらいらする運転手もいます。数分のためにいらいらするのは、精神的にもよくないのです。もう少しのんびりでいいのではないでしょうか。

19

1　そして　　　　　2　それに　　　3　たとえば　　　4　一方

20

1　並んでよかった　　　　　　　　2　並ばなくてよかった

3　並べばよかった　　　　　　　　4　並ばなければよかった

21

　　　1　いつから　　　　2　どれぐらいの　3　どうして　　　4　誰が

22

　　　1　あまりにも　　　　　　　　　　2　いつの間にか
　　　3　なぜかというと　　　　　　　　4　それだけでなく

23

　　　1　とても長く感じます　　　　　　2　とても短く感じます
　　　3　足りなくなります　　　　　　　4　効率的に活用されます

問題4　つぎの(1)から(4)の文章を読んで、質問に答えなさい。答えは、1・2・3・4から
　　　最もよいものを一つえらびなさい。

（1）

```
                                                          2023年12月23日

株式会社ハナマル
営業部長　伊藤昭様
                                                       ケンコー株式会社
                                                       販売部　長谷川亮


                              送金のお知らせ

拝啓　いつも格別のお引き立てを賜りまして誠にありがとうございます。

　　さて、12月10日付けにてご請求いただきました「SD－200」100ケースの代金につきま
して、12月20日、以下のとおり振り込ませていただきましたので、ご案内申し上げ
ます。

　　ご確認の上、お手数ですが、折り返し領収書をお送りくださいますようお願い申し
上げます。

                                                                  敬具
                              記
振込先：東京新宿銀行本店貴口座
振込金額：10万円

                                                                  以上
```

24 この手紙をもらった人は、これからどうするか。

　　1　長谷川さんは、代金10万円を指定の口座に振り込む。

　　2　伊藤さんは、入金を確認して領収書を送る。

　　3　長谷川さんは、代金10万円を振り込んで領収書を送る。

　　4　伊藤さんは、「SD－200」の請求書を送る。

（2）

　美しい笑顔に出会ったとき、私も思わず笑顔になります。これでよろしいですかと、やさしい目を向けてくれる人に会うと、自分もやさしい気持ちになります。きびきびと働いている人に会うと、自分まで軽やかな気分になります。道端で草取りなどをしている人が顔をあげてあいさつをしてくれたとき、そこにあふれるような汗を見ると美しいなと感激をしてしまいます。こんな人の姿から自分の心の中に送られる言葉を、私は「語る」言葉と考えています。つまり、人の心の中に語りかける言葉があると感じているのです。

25 筆者によると、「『語る』言葉」とはどういうものなのか。

　　1　美しい笑顔で相手の意見を聞く言葉

　　2　仕事で使われている簡潔ではっきりした言葉

　　3　汗をかきながら通行人に対して言う言葉

　　4　話し手の親切な気持ちが伝わる表情や動作、言葉

（3）

　あるとき道路で、若い男性と中年の男性が口論をしていました。若い人が「失礼ではないか」と相手をせめているようです。年配の男性は「だって、だって」と言い訳をしているようです。原因は、混んでいる通路で、中年の男性が必要以上に後ろから押して前に出ようとしたということのようです。人は気がせく(注)とつい他人に迷惑をかけるようなことをしてしまいがちです。自分では悪意のなかったことでも、相手にとってはそうではないのです。

(注)気がせく：いらいらする

26 文章の内容と合っているものはどれか。

　　1　若い男性が中年の男性と道端で殴り合いをした。

　　2　若い人が年配の人に失礼なことをした。

　　3　中年の男性の不注意でトラブルが起こった。

　　　4　中年の男性は後ろから寄ってくる若い人とぶつかった。

（4）

（大学で）

コピー機の上に、この紙が置いてある。

工学_{こうがく}研究科の皆さんへ

　共同_{きょうどう}研究室のコピー機は今、故障して使えません。修理を頼んでいますが、あさっての午後まで来られないそうです。急ぎでないコピーは、あさってまで待ってください。

　明日までにコピーしなければならない資料や書類がある場合は、学生センターのコピー機を使用してください。30枚以上コピーする場合は、先に学生課に連絡しておく必要がありますので、コピーする前に坂本に知らせてください。

5月30日(火)15：20

学生課　坂本

27　工学研究科のゴさんは、明日の午後のゼミで使う資料を明日の午前までに12枚コピーしたいと考えている。どうしなければならないか。

　1　坂本さんに言ってから、共同研究室でコピーをする。

　2　坂本さんに言ってから、学生センターでコピーをする。

　3　共同研究室でコピーをする。坂本さんに言う必要はない。

　4　学生センターでコピーをする。坂本さんに言う必要はない。

問題5　つぎの(1)と(2)の文章_{ぶんしょう}を読んで、質問に答えなさい。答えは、1・2・3・4から最もよいものを一つえらびなさい。

（1）

　あなたは毎日の仕事が辛いか。

　私は若いときから、仕事を辛いとかきついとかなるべく思わないようにしてきた。もちろん辛く感じるときもあったが、そんなときは自分に言い聞かせた。

　「辛いからこそ他人より早く仕事を覚えられる、少しでも多くのことを学べる、少しでも人間的に成長できる。」

　強制された仕事は気が進まないものだ。「上司の命令だから、嫌だけどやらなければならない」と思うからもっと嫌になる。

　仕事ができる人は、そんなに辛いと思っていない。むしろわくわくしながら働いてい

る。だからいくらやっても飽きないし、また良い結果も出せる。こういう人になるにはどうしたらいいだろうか。

　それにはある時期、仕事ととことん付き合ってみることだ。どんな仕事でも、とことん付き合ってみれば、必ず何か楽しみが見出せる。「隠された恩恵」のようなもので、それを知れば、どんな仕事にも楽しみを見つけるようになる。

28 この文章によると、仕事ができるようになるにはどうしたらいいと言っているか。
　　　1　上司の命令にしたがって、頑張ればいい。
　　　2　他人より早く仕事を覚えるためにあれこれと工夫すればいい。
　　　3　仕事に対して嫌な気持ちをがまんして、少しずつやっていくといい。
　　　4　前向きな気持ちで積極的に仕事に取り組むようにすればいい。

29 「隠された恩恵」とあるが、ここではどんなことを言っているか。
　　　1　仕事を通して身につけた知識やスキル
　　　2　仕事を通して人間的にも成長したという満足感
　　　3　仕事を積極的にやっていくうちに自然と出てくる楽しさ
　　　4　仕事を完成した時に手に入る経済面での報酬

30 筆者によれば、仕事を辛いと感じるのはなぜか。
　　　1　仕事の内容自身がつまらないから
　　　2　仕事との付き合い方がよくないから
　　　3　上司に命令されて仕事をやっているから
　　　4　仕事から学べることが少ないから

（2）
　暑いだけでは馬は汗をかかない。興奮したり、運動したりしたとき、その刺激で汗をかく。競馬で一回コースを走ると、2千キロカロリーの熱が生じる。馬はバケツ一杯分、約10リットル汗をかいて体温上昇を防いでいる。

　哺乳類（ほにゅうるい）で、汗をたくさんかくのは馬やロバ、サルくらいだ。大方（おおかた）はウサギの耳やシカの角、ネズミのしっぽのように、皮膚（ひふ）表面に血管（けっかん）を集めて熱を放散するラジエーター方式だ。

　もっともこの方式は外気温が体温より低い場合しか有効ではない。気温が高い場合は、犬のようにハアハアとあえいで(注)水分を蒸発させたり、体に唾液（だえき）や泥や水をつけたりするが、汗方式に比べると、効率は悪い。大半の動物にとって汗は体温調節よりも、滑りどめとか、相手を誘うなどの機能を持つフェロモンとして役立っている。

　人間は、皮膚の毛が少なく水分を蒸発（じょうはつ）させるには最適だ。たっぷりと汗をかいて体温調節できるのは、「裸のサル」の特権なのかもしれない。

(注)あえぐ：苦しそうに呼吸する様子

[31] 文章によると、運動をした時、馬はどうやって体温を調節するのか。

1 あえいで体内の熱を蒸発させる。

2 汗をかいて体温を調節する。

3 体に唾液や水などをつけて体温の上昇を防ぐ。

4 体表の毛で熱を放散する。

[32] 動物が暑さを防ぐ方法として、文章の内容と合っているものはどれか。

1 多くの哺乳類の動物は汗をかいて体温を調節する。

2 サルは皮膚表面に血管を集めて熱を放散する。

3 犬は水分をたくさん取ることで暑さを防ぐ。

4 ロバは汗をかくことで体温を調節する。

[33] 文章の内容と合っているものはどれか。

1 ラジエーター方式は汗方式より、体温調節の効率が高い。

2 馬と同じ方法で体温を調節する哺乳類の動物が多い。

3 ネズミはサルと違う方法で体温を調節する。

4 大半の動物にとって汗の主な機能は体温調節である。

問題6　つぎの文章を読んで、質問に答えなさい。答えは、1・2・3・4から最もよいもの を一つえらびなさい。

　病気というものはいずれにしろ不愉快なものであるが、最近流行の「健康病」というの は、定義どおり、本人は病気とは思っていないので、それによる被害が先行するところ が恐ろしい。①健康病とは、簡単に言ってしまうと、ともかく「健康第一」で、ひたすら そのことに打ち込み、他のことは無視してしまう。それから生じる②近所迷惑などお構 いなし、という点でほとんど病気の状態であるが、本人はそれに無自覚である場合のこ とを言う。

　たとえば、Aさんは食事に関して極めてうるさい。と言っても味のことではない。何 かの本でコレステロール（注）が悪いと読むと、コレステロールを目の敵にして、これは よくないとか、これは食べ過ぎてはならないとかやっているが、今度は、友人からコレ ステロールも有益であるなどと聞くと、急に不安になってきて、あちこちの栄養学の本 を読み始める。そして、「適度のコレステロール量とは何か」という、③Aさんにとって は人生の大問題につき当たる。「専門家は勝手なことを言って当てにならない」と嘆く。 自分なりの計算に基づいて、あれがよいとか悪いとか言い始める。これを食事の度に聞

かされている家族は、せっかくの食事のときの楽しみを奪われるし、そもそもＡさん自身が食事を味わうという楽しみを放棄してしまっていることになる。

(注)コレステロール：動物の神経組織や血液中などに広く含まれる、脂肪に似た物質

34 ①「健康病」とあるが、その説明として正しいのはどれか。

1　健康をあまりにも重視し、体の小さな不調も病気だと勘違いしてしまうこと

2　「健康第一」を心がけ、健康を保つためによくない習慣をいっさいやめること

3　「健康」を追求するために、理性を失い、度を超すことをやってしまうこと

4　相手、場所をかまわず、健康の理論だけを唱え、他人の気持ちを傷つけること

35 ②「近所迷惑」とあるが、その説明として正しいのはどれか。

1　自分が病気になって、他の人に面倒を見てもらうこと

2　健康を何より重視し、他人のことを構う暇がないこと

3　健康に対する過剰な心配でほかの人を困らせること

4　自分の病気は、他人にとっても不愉快なものであること

36 ③「Ａさんにとっては人生の大問題につき当たる」とあるが、大問題になるのはなぜか。

1　コレステロールが悪いと栄養本に書いてあるから

2　友達にコレステロールは健康にいいと教えられたから

3　コレステロールの量が適度でないと、健康に有害であるから

4　健康につながることを何より大事だと考えているから

37 本文の内容と合っているものはどれか。

1　「健康病」にかかった人は、家族と一緒に食事をすることの楽しみを知らない。

2　「健康病」にかかった人は、栄養バランスを大事にする一方、料理の味をあまり気にしない。

3　「健康病」にかかった人は栄養学の専門家の話を信じ込んでいる。

4　「健康病」にかかった人は無自覚のうちに、他人に迷惑をかけることがある。

問題7　つぎのページは、日本語教育センターの案内である。これを読んで、下の質問に答えなさい。答えは、1・2・3・4から最もよいものを一つえらびなさい。

38 大阪在住の呉さんは日本語を勉強し始めたばかりなので、生活日本語コースに参加したいと思っている。呉さんは2021年の下半期（かはんき）から午前中の時間帯が空いている。呉さんにとって、一番いいクラスはどれか。

1　春コースにおける午前の初級クラス

2　秋コースにおける午前の初級クラス

3　秋コースにおける午前の中・上級クラス

4　冬コースにおける午前の中・上級クラス

39 コースの説明と合っているものはどれか。

1　大阪に住んでいる外国人しかコースに参加できない。

2　秋コースは春コースと違う内容を教える。

3　各コースとも平日に授業を行うことになっている。

4　コースの参加者は自分で教材を買うことになっている。

生活日本語コース

★ 講座内容

　プロの講師による講座です。日常生活に必要な初歩の会話が学習できます。

　（3クラス、各10名程度）

★ 受講対象

　原則として大阪府下に在住または勤務する外国人の方。

★ 応募資格

　学習期間中、日本での在留資格を有すること。

　（このコースを初めて受講する方を優先します）

★ 受講期間

　春コース：2021年4月19日（月曜日）～2021年7月9日（金曜日）

　秋コース：2021年8月30日（月曜日）～2021年11月19日（金曜日）

　冬コース：2021年11月29日（月曜日）～2022年3月4日（金曜日）

　※ 各コースとも学習内容は同じです。

　※ 祝日は休講になります。

★ 受講時間

　月曜日～金曜日（1日2時間、週10時間）

　午前10時10分～12時……………………1クラス（初 級）

　午前10時10分～12時……………………1クラス（中・上級）

　午後13時10分～15時……………………1クラス（初 級）

★ 申込受付日

　春コース：2021年4月12日（月曜日）午前10時より

　秋コース：2021年8月16日（月曜日）午前10時より

　冬コース：2021年11月15日（月曜日）午前10時より

★ 受講費用

　各コース30,000円（1コース期間中の費用で、教材費を含みます）

　　　　　　　　　　　　　　　　　　　　　　　大阪日本語教育センター

模擬テスト

第 8 回

聴解

（40ぷん）

問題1

問題1では、まず質問を聞いてください。それから話を聞いて、問題用紙の1から4の中から、最もよいものを一つえらんでください。

1ばん

1 序論のところを直す
2 表紙を作る
3 ページをつける
4 目次を作る

2ばん

1 子供たちを寝かせる
2 お風呂を沸かす
3 カレーを出す
4 お茶漬けを出す

3ばん

1 こたつを出さないといけない
2 ポットを洗わないといけない
3 インスタントコーヒーを入れないといけない
4 コーヒーメーカーを洗わないといけない

4ばん

1 A社　　　　2 B社　　　　3 C社　　　　4 D社

5ばん

1 工場見学の手配をしなければならない
2 もうすぐ梅雨に入りますので、仕事の手配をしなければならない
3 店に電話して予約しなければならない
4 マージャンのできるところを調べなければならない

6ばん

1 田中専務に男の人に電話するよう伝える
2 男の人からの伝言を田中専務に伝える
3 会議の日程を変える
4 会議室に行って、田中専務を呼んでくる

問題 2

問題2では、まず質問を聞いてください。そのあと、問題用紙を見てください。読む時間があります。それから話を聞いて、問題用紙の1から4の中から、最もよいものを一つえらんでください。

1ばん
1　デパートに行く　　　　　　　　2　喫茶店に入る
3　公園に行く　　　　　　　　　　4　古本屋に行く

2ばん
1　美しい景色が見られること
2　おいしい食べ物が食べられること
3　違った文化を体験できること
4　ストレス解消になること

3ばん
1　おしゃれすぎるから　　　　　　2　デザインが普通だから
3　流行が過ぎたものだから　　　　4　値段が高いから

4ばん
1　いつも中国の夢を見ているから
2　中国は日本と近いから
3　中華料理を習いたいから
4　中華料理が食べたいから

5ばん
1　運転手が携帯を取ろうとしたから
2　運転手が携帯をかけようとしたから
3　原付に乗っている人が脇見運転したから
4　原付に乗っている人が酔っていたから

6ばん
1　東口のさくらデパートの前　　　2　東口の喫茶店
3　西口のデパートの前　　　　　　4　西口の喫茶店

問題 3

問題3では、問題用紙に何もいんさつされていません。この問題は、ぜんたいとしてどんなないようかを聞く問題です。話の前に質問はありません。まず話を聞いてください。それから、質問とせんたくしを聞いて、1から4の中から、最もよいものを一つえらんでください。

—メモ—

問題 4

問題4では、えを見ながら質問を聞いてください。やじるし（➡）の人は何と言いますか。1から3の中から、最もよいものを一つえらんでください。

1ばん

2ばん

3ばん

4ばん

問題 5
　問題5では、問題用紙に何もいんさつされていません。まず文を聞いてください。それから、そのへんじを聞いて、1から3の中から、最もよいものを一つえらんでください。

—メモ—

正 答 表

模擬テスト第1回

もじ・ごい

問題1	**1**	**2**	**3**	**4**		
	2	4	4	3		
	5	**6**	**7**	**8**		
	1	2	4	4		
問題2	**9**	**10**	**11**	**12**	**13**	**14**
	1	2	3	2	2	4
問題3	**15**	**16**	**17**	**18**	**19**	
	2	1	3	4	4	
	20	**21**	**22**	**23**	**24**	**25**
	1	2	1	1	2	2
問題4	**26**	**27**	**28**	**29**	**30**	
	2	1	3	1	4	
問題5	**31**	**32**	**33**	**34**	**35**	
	2	1	4	3	1	

文法

問題1	**1**	**2**	**3**	**4**	**5**	**6**	
	3	4	1	4	3	2	
	7	**8**	**9**	**10**	**11**	**12**	**13**
	2	1	2	4	1	4	3
問題2	**14**	**15**	**16**	**17**	**18**		
	3	2	2	1	1		
問題3	**19**	**20**	**21**	**22**	**23**		
	2	1	3	2	4		

読解

問題4	**24**	**25**	**26**	**27**
	3	3	3	4

問題5（1）	**28**	**29**	**30**
	1	3	4

問題5（2）	**31**	**32**	**33**
	4	2	1

問題6	**34**	**35**	**36**	**37**
	2	4	3	4

問題7	**38**	**39**
	4	3

聴解

問題1	**1**	**2**	**3**	**4**	**5**	**6**
	2	3	2	4	2	1

問題2	**1**	**2**	**3**	**4**	**5**	**6**
	4	4	3	4	2	4

問題3	**1**	**2**	**3**
	4	3	4

問題4	**1**	**2**	**3**	**4**
	1	2	3	1

問題5	**1**	**2**	**3**	**4**	
	3	3	2	3	
	5	**6**	**7**	**8**	**9**
	1	2	3	1	2

模擬テスト第2回

もじ・ごい

問題1	1	2	3	4		
	3	1	3	3		
	5	6	7	8		
	4	3	3	1		
問題2	9	10	11	12	13	14
	3	2	3	1	3	2
問題3	15	16	17	18	19	
	4	2	1	4	4	
	20	21	22	23	24	25
	1	4	2	1	3	3
問題4	26	27	28	29	30	
	2	1	3	4	2	
問題5	31	32	33	34	35	
	1	3	4	1	4	

文法

問題1	1	2	3	4	5	6
	4	3	3	1	3	2
	7	8	9	10	11	12	13
	1	2	4	2	4	1	2
問題2	14	15	16	17	18	
	1	2	1	1	3	
問題3	19	20	21	22	23	
	4	1	4	2	3	

正答表

読解

問題4	24	25	26	27		
	4	2	2	1		
問題5（1）	28	29	30			
	4	3	2			
問題5（2）	31	32	33			
	2	1	3			
問題6	34	35	36	37		
	2	4	4	1		
問題7	38	39				
	1	2				

聴解

問題1	1	2	3	4	5	6
	2	1	3	4	3	4
問題2	1	2	3	4	5	6
	4	3	3	2	1	4
問題3	1	2	3			
	3	3	2			
問題4	1	2	3	4		
	2	1	3	1		
問題5	1	2	3	4		
	1	3	3	2		
	5	6	7	8	9	
	3	1	2	3	2	

模擬テスト第3回

もじ・ごい

問題1	1	2	3	4		
	4	2	3	3		
	5	**6**	**7**	**8**		
	4	2	4	4		
問題2	9	10	11	12	13	14
	3	4	2	3	3	3
問題3	15	16	17	18	19	
	3	3	1	4	1	
	20	**21**	**22**	**23**	**24**	**25**
	2	1	3	1	3	2
問題4	26	27	28	29	30	
	2	2	1	1	4	
問題5	31	32	33	34	35	
	2	4	1	4	1	

文法

問題1	1	2	3	4	5	6	
	3	4	4	1	2	4	
	7	**8**	**9**	**10**	**11**	**12**	**13**
	2	3	3	2	1	2	1
問題2	14	15	16	17	18		
	1	1	3	2	3		
問題3	19	20	21	22	23		
	2	1	4	3	2		

読解

問題4	24	25	26	27		
	3	4	2	3		
問題5（1）	28	29	30			
	2	4	4			
問題5（2）	31	32	33			
	3	2	1			
問題6	34	35	36	37		
	3	4	4	3		
問題7	38	39				
	2	3				

聴解

問題1	1	2	3	4	5	6
	2	4	3	4	2	2
問題2	1	2	3	4	5	6
	3	3	4	1	3	3
問題3	1	2	3			
	2	4	4			
問題4	1	2	3	4		
	2	2	3	1		
問題5	1	2	3	4		
	3	1	1	2		
	5	6	7	8	9	
	1	3	3	2	1	

模擬テスト第4回

もじ・ごい

問題1	1	2	3	4		
	4	4	2	3		
	5	6	7	8		
	3	3	2	3		
問題2	9	10	11	12	13	14
	2	3	4	4	3	1
問題3	15	16	17	18	19	
	2	1	3	1	3	
	20	21	22	23	24	25
	2	4	1	2	1	2
問題4	26	27	28	29	30	
	4	1	3	2	1	
問題5	31	32	33	34	35	
	3	1	1	4	3	

文法

問題1	1	2	3	4	5	6	
	4	2	3	1	1	4	
	7	8	9	10	11	12	13
	2	2	2	2	4	2	1
問題2	14	15	16	17	18		
	1	1	4	4	1		
問題3	19	20	21	22	23		
	2	1	3	1	4		

正答表

読解

問題4	**24**	**25**	**26**	**27**		
	2	4	4	3		
問題5（1）	**28**	**29**	**30**			
	4	2	1			
問題5（2）	**31**	**32**	**33**			
	4	3	4			
問題6	**34**	**35**	**36**	**37**		
	2	3	1	4		
問題7	**38**	**39**				
	3	4				

聴解

問題1	**1**	**2**	**3**	**4**	**5**	**6**
	4	3	1	4	3	3
問題2	**1**	**2**	**3**	**4**	**5**	**6**
	3	2	4	3	2	3
問題3	**1**	**2**	**3**			
	4	3	2			
問題4	**1**	**2**	**3**	**4**		
	1	2	3	3		
問題5	**1**	**2**	**3**	**4**		
	1	2	2	2		
	5	**6**	**7**	**8**	**9**	
	1	3	1	3	2	

模擬テスト第5回

もじ・ごい

問題1	1	2	3	4		
	3	4	3	4		
	5	6	7	8		
	4	1	4	3		
問題2	9	10	11	12	13	14
	4	1	1	2	1	4
問題3	15	16	17	18	19	
	4	1	1	4	1	
	20	21	22	23	24	25
	3	3	4	1	2	4
問題4	26	27	28	29	30	
	2	4	1	2	1	
問題5	31	32	33	34	35	
	1	2	3	1	3	

文法

問題1	1	2	3	4	5	6	
	1	1	4	4	2	4	
	7	8	9	10	11	12	13
	4	1	3	2	3	3	1
問題2	14	15	16	17	18		
	3	1	1	4	3		
問題3	19	20	21	22	23		
	2	1	4	4	3		

正答表

読解

問題4	**24**	**25**	**26**	**27**
	4	2	2	2
問題5（1）	**28**	**29**	**30**	
	2	1	2	
問題5（2）	**31**	**32**	**33**	
	3	1	3	
問題6	**34**	**35**	**36**	**37**
	3	2	1	4
問題7	**38**	**39**		
	4	2		

聴解

問題1	**1**	**2**	**3**	**4**	**5**	**6**
	3	3	1	2	3	2
問題2	**1**	**2**	**3**	**4**	**5**	**6**
	3	1	4	3	3	3
問題3	**1**	**2**	**3**			
	2	2	1			
問題4	**1**	**2**	**3**	**4**		
	2	3	1	2		
問題5	**1**	**2**	**3**	**4**		
	1	1	3	2		
	5	**6**	**7**	**8**	**9**	
	3	3	1	2	3	

模擬テスト第6回

もじ・ごい

問題1	1	2	3	4		
	2	3	3	3		
	5	6	7	8		
	2	2	4	4		
問題2	9	10	11	12	13	14
	3	3	1	3	2	4
問題3	15	16	17	18	19	
	1	3	2	3	4	
	20	21	22	23	24	25
	1	3	2	2	1	3
問題4	26	27	28	29	30	
	4	2	3	1	1	
問題5	31	32	33	34	35	
	2	2	4	1	2	

文法

問題1	1	2	3	4	5	6
	2	2	1	4	3	2
	7	8	9	10	11	12	13
	4	4	4	4	2	3	1
問題2	14	15	16	17	18	
	4	3	1	3	1	
問題3	19	20	21	22	23	
	3	1	4	2	1	

読解

問題4	24	25	26	27
	1	3	2	3

問題5（1）	28	29	30
	1	3	4

問題5（2）	31	32	33
	1	2	3

問題6	34	35	36	37
	2	3	4	4

問題7	38	39
	3	4

聴解

問題1	1	2	3	4	5	6
	4	3	2	2	1	4

問題2	1	2	3	4	5	6
	1	3	1	2	1	2

問題3	1	2	3
	3	2	4

問題4	1	2	3	4
	2	1	3	1

問題5	1	2	3	4	
	2	3	2	3	
	5	6	7	8	9
	1	3	1	2	3

模擬テスト第7回

もじ・ごい

問題1	1	2	3	4		
	2	2	2	4		
	5	6	7	8		
	1	3	3	2		
問題2	9	10	11	12	13	14
	3	1	2	2	1	3
問題3	15	16	17	18	19	
	3	4	2	4	3	
	20	21	22	23	24	25
	4	1	3	1	1	1
問題4	26	27	28	29	30	
	1	2	3	3	4	
問題5	31	32	33	34	35	
	4	1	3	2	3	

文法

問題1	1	2	3	4	5	6	
	2	3	4	3	2	1	
	7	8	9	10	11	12	13
	2	2	1	2	1	2	4
問題2	14	15	16	17	18		
	3	3	3	1	2		
問題3	19	20	21	22	23		
	3	4	1	2	4		

読解

問題4	24	25	26	27		
	3	4	3	3		
問題5（1）	28	29	30			
	2	4	4			
問題5（2）	31	32	33			
	3	1	4			
問題6	34	35	36	37		
	3	2	4	4		
問題7	38	39				
	4	3				

聴解

問題1	1	2	3	4	5	6
	3	2	2	3	4	2
問題2	1	2	3	4	5	6
	3	3	3	4	4	3
問題3	1	2	3			
	4	4	4			
問題4	1	2	3	4		
	2	3	2	1		
問題5	1	2	3	4		
	1	3	3	2		
	5	6	7	8	9	
	2	1	1	3	2	

模擬テスト第8回

もじ・ごい

問題1	1	2	3	4		
	2	1	1	4		
	5	6	7	8		
	1	2	2	1		
問題2	9	10	11	12	13	14
	3	1	3	3	3	2
問題3	15	16	17	18	19	
	1	2	3	2	1	
	20	21	22	23	24	25
	4	4	1	2	3	4
問題4	26	27	28	29	30	
	2	2	2	3	1	
問題5	31	32	33	34	35	
	1	3	2	1	1	

文法

問題1	1	2	3	4	5	6
	3	2	2	3	2	1
	7	8	9	10	11	12	13
	2	4	1	2	4	4	1
問題2	14	15	16	17	18	
	1	4	1	2	2	
問題3	19	20	21	22	23	
	4	3	2	3	1	

正答表

読解

問題4	24	25	26	27
	2	4	3	4

問題5（1）	28	29	30
	4	3	2

問題5（2）	31	32	33
	2	4	3

問題6	34	35	36	37
	3	3	4	4

問題7	38	39
	2	3

聴解

問題1	1	2	3	4	5	6
	1	4	4	2	3	2

問題2	1	2	3	4	5	6
	3	3	4	4	3	2

問題3	1	2	3
	4	4	2

問題4	1	2	3	4
	2	3	2	1

問題5	1	2	3	4	
	2	1	2	3	
	5	6	7	8	9
	2	3	1	3	1